地域とゆるくつながろう！

―サードプレイスと関係人口の時代―

目次

第1章　はじめに　（石山 恒貴）……5
第2章　地域のサードプレイスの作り方　（石山 恒貴）……43
第3章　リトルムナカタと地域のつながり方　（北川 佳寿美）……73
第4章　小さな一歩で暮らしが変わる
離職中の女性にとっての地域のサードプレイス　（片岡 亜紀子）……93
第5章　人が巡る仕組みをつくる　～土佐山地域の「学び」のデザイン～　（谷口 ちさ）125

第6章　学生のプログラミング教育への情熱で、横浜が活性化（山田 仁子）……149
第7章　地域のシニア雇用の広がり：岐阜県中津川市（岸田 泰則）……175
第8章　廃校を活用した人づくり、組織づくり、まちづくり
：島田市川根町笹間地区（佐野 有利）……201
第9章　地域のキャリア教育：北海道室蘭市（石山 恒貴）……225
おわりに（石山 恒貴）……251

第1章　はじめに（石山 恒貴）

地域と関わりがなかった自分

この本は、地域とあまり関係なく暮らしていた人であっても、いろいろな方法で「地域とゆるくつながる」ことができることを示したいという思いから、執筆されたものです。かくいう自分が、以前は地域とはほとんど関わりなく暮らしていました。数年前まで、私は首都圏で暮らす、典型的な会社員でした。平成は平和な時代だったかもしれませんが、同時に大きな災害が連続して発生した時代でもありました。

災害が発生するたび、何もできない無力な自分を感じました。何か、いろいろな地域で困っている人たちの役に立ちたい。もちろん、人並みの寄付やちょっとしたボランティア活動はしたものの、結局、それ以上積極的に地域に関わることはできませんでした。というのも、どうやって関わったらいいか、よくわからなかったからです。

何かしたい、という気持ちがあっても、日常は会社員として残業も行い、それなりに忙しく過ごしていました。そうなると、何か地域とつながりたいと思いつつ、日々の忙しさに流されていきます。マンション暮らしでも、マンション理事会の役員などはやりましたが、理事会が地域の自治会と密に交流しているわけでもありませんでした。結局、居住地との関わりを強く感じる機会もありませんでした。そういうわけで、たとえば寄付やボランティア活動も、会社主催のものになってしまいます。もちろん、会社主催のものでも意義深くはあるのですが、直接、地域と関わっている実感を持つことはできませんでした。

つまり、会社員時代の自分は、地域とうまく関わることができなかったわけです。もともと人見知りの性格でもありますので、自ら積極的に知らない人の多い地域に飛び込むことも、正直なところ億劫でした。転機は、会社員から大学教員へとキャリアが変わったことでした。大学教員としての研究テーマは、パラレルキャリアでした。パラレルキャリアとは、個人が仕事、家庭、社会貢献、学び、趣味、地域活動などさまざまな社会活動を複数同時に行う、柔軟なキャリアを意味します。会社員時代から、自分自身が企業で働くと同時に、さまざまな社外研究会・勉強会に参加し、それが楽しかったこともあり、パラレルキャリアに興味を持ち、研究テーマとしていました。当初は、企業と仕事に関係のある社外研究会・勉強会に限って研究をしていました。ところが、パラレルキャリアの実践者には、複数の活動として地域活動をしている人が実に多かったのです。そのため、研究を通じて地域に関わることが増えていきました。

また私の研究室がある法政大学大学院政策創造研究科は「地域づくり大学院」を標榜しています。学生も教員も地域と関わりのある専門家が多いのです。このような方々から、大いに影響を受けました。さらに、政策創造研究科には、もともとは「静岡サテライトキャンパス[1]」もあり、静岡の方々とも交流を持つことができました。そのようなわけで、本書の中でも、様々な地域と私の関わりについて、ご紹介していきたいと思います。

もっとも、これらのつながりは、大変ゆるいものです。また、私がこれらの地域のファンというだけで、ほとんど貢献をしているわけでもありません。ある意味、これらの地域への片思いのようなものです。それでも、会社員時代に比べると、こうした地域のファンであり、そこに知り合いがいるだけで、何か楽しく感じます。私の地域への関わりはたいしたものではありませんので、本書で地域へのつながりを書く適任者ではないかもしれません。ただ、こんな自分でも、少しでもつながりができたということで、「これから少しでもつながりたい」という人の気持ちがわかるかもしれません。また、各章は、研究室で私よりもっと地域に関わりを持つ社会人大学院生が執筆を担当していますので、参考になる点も多いと思います。

本書では「地域とゆるくつながる」ことで、自分のキャリアを充実したものに変えた人々、より幸せに生きることができるようになった人々が多く登場します。ぜひ、本書の中で、「地域とゆるくつながる」楽しさを味わう旅をご一緒いたしましょう。

地域とは

ところで、本書で扱う地域とは何を意味するのでしょうか。まずは、その定義をしてみましょう。地域とは、都会や地方という二極化した意味を示しているわけではありません。また、必ずしも行政区分と一致するわけでもありません。本書の地域とは、人がひとたび関わりたいと思い、愛着を感じる、歴史・文化などで統一性のある一定の区域を意味します。また、関わり方の対象としての地域は、次のような3種類に分類しておきます。

①現在、居住している地域
②ふるさととしての地域

③ 現在居住もしていないし、ふるさとでもないが、何らか関わりがある、または自分がファンになっている地域

本書で、ゆるくつながる地域は、この3種類を全て含みます。実際、各章ではこの3種類の地域を対象にゆるくつながっている人々が登場することになります。特に新しい考え方は、3番目の、「自分がファンになっている地域」ではないでしょうか。

今まで地域に関わるといえば、とことん関わることが前提ではなかったでしょうか。たとえば地域活性化で、居住者でも出身者でもない人、いわゆる「よそもの」が積極的に関与し、華々しい成果を挙げることはよくあります。しかし、その「よそもの」に対して、「住んでもいない人にいろいろ言われたくない」という反発があるのは、よく聞く話です。

ところで、この構図は、会社にもあるのではないでしょうか。日本の会社は、「よそもの嫌い」だと言われています。たとえば、日本の会社でフリーランスと協業している、もしくは今後したいという比率は18・9％にすぎません[2]。兼業・副業を受け入れたいと考えている会社も2割程度にすぎないという調査があります[3]。要は、顔なじみの正社員だけで働きたい、という志向があるわけです。地域にせよ会社にせよ、何か貢献したいなら、定住してほしい、社員になってほしい、ということに

なります。

しかしこの構図では、地域と濃密に関わるか、関わりを持たないかという二者択一の選択肢しかないことになってしまいます。働く人においても、兼業・副業、フリーランスという選択肢が増えてきました。地域への関わり方についても、もっと多様に選択肢が増えていく時代がやってきているのではないでしょうか。

地域のサードプレイスでつながる

地域への柔軟な関わり方として、本書で強調したい考え方が「サードプレイス」です。サードプレイスとは、オルデンバーグが提唱した考え方[4]です。その考え方とは、家庭（第1の場）でも職場（第2の場）でもない第3の場所に注目しよう、ということです。第3の場所とは、イギリスのパブやフランスのカフェのように、とびきり居心地が良く、まったりとした時間を過ごせる場所を意味しています。

サードプレイスには、中立性、社会的平等性の担保、会話が中心に存在すること、利便性があること、常連の存在、目立たないこと、遊び心があること、もうひとつのわが家、という8つの特徴があるとされています。つまり、サードプレイスとは、人々が気軽に集まり交流できる、憩いのある楽しい場なのです。ただ、同時に多様で異質な人々が、自分の社会的立場を気にせず、交流できる場でもあります。実は、このような特徴があるからこそ、サードプレイスは地域の中でゆるくつながる場として適しているわけです。

第4章を執筆される片岡亜紀子さんはその研究[5]の中で、サードプレイスを3種類に区分しています。第1の型は、マイプレイス型です。マイプレイス型とは、スターバックスやドトールのようなカフェなどで、個人が時間を気にせず、ゆったりと過ごす場です。このような個人の憩いの場は、とりわけ都市の生活で疲弊しているときには貴重なものでしょう。第2の型は、社交交流型です。これは、まさにオルデンバーグの指摘したサードプレイスそのものであり、地元の居酒屋など、なじみの常連が社交の場として、賑やかに楽しむ場です。

ただ、本書における地域のサードプレイスとして注目したい第3の型は、目的交流型です。目的交流型とは、地域のNPO、こども食堂、コミュニティカフェなど、何らかの地域活動としての目的が存在し、自発的に人々が集まる場を意味します。これは、オルデンバーグの指摘した社交が中心のサードプレイスをさらに発展させた、進化形のサードプレイスではないでしょうか。

この分類の見取り図として、図1-1をご覧ください。

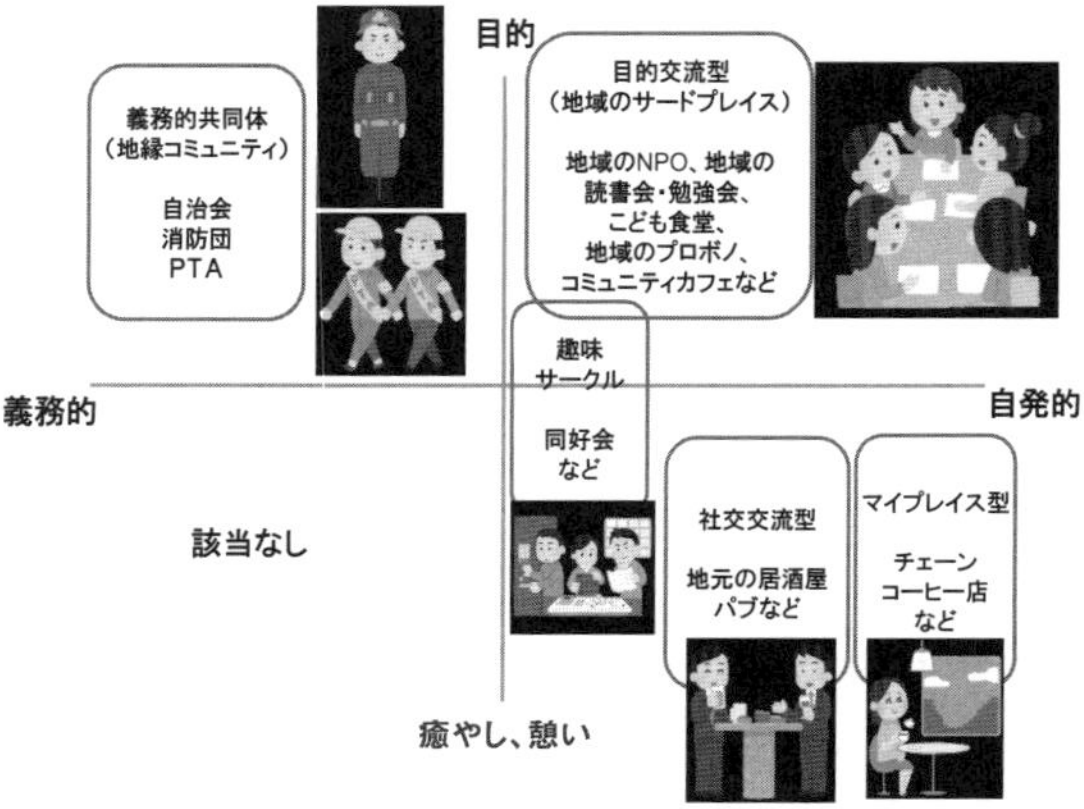

図1-1　地域のサードプレイスの分類

この図においては、「目的VS癒やし、憩い」という軸と「義務的VS自発的」という軸があります。「癒やし、憩い」で「自発的」という象限には、社交交流型とマイプレイス型が該当します。もともとサードプレイスには、人生の潤滑油という役割がありますから、この象限に該当するのは当然といえるでしょう。

一方、目的交流型（地域のサードプレイス）は、「目的」で「自発的」という象限に該当します。目的交流型には、地域で何らかの目的を達成したいという情熱を持った人が集まります。自発的であるため、もちろん楽しさもあるでしょうが、そこには、地域の何かを変えたい、良くしたいという目的があるのです。

ただ、目的交流型は、「目的」で「義務的」の象限に該当する義務的共同体（地縁コミュニティ）とは区分されます。たとえば、自治会や消防団のような地縁コミュニティは地域が機能していくには欠かせない重要な存在です。しかし、地縁コミュニティでは参加が必須であることが多いため、地域との関わり方がそれだけだと、少し息苦しいのではないでしょうか。地縁コミュニティにおける人間関係は濃密なものとなりやすいため、もう少し気軽な場が選択肢にあると人生がより豊かになると思えます。

そこで、目的交流型（地域のサードプレイス）が新しい選択肢になるわけです。地域のサードプレイスにおいて設定される目的は、地縁コミュニティと同様に地域にとって重要です。しかし同時に、地域のサードプレイスは自発的に参加するものであって、出入り自由なのです。このような気軽さが、地域とゆるくつながるためのポイントになってくるわけです。なお、「自発的」「義務的」とは個人の認知の問題です。もしＰＴＡや消防団を主体にやりたいと考えて参加するなら、その場合は目的交流型になると考えていいでしょう。

また地域のサードプレイスでは、関わり方の3種類（居住地域、ふるさと、ファンの地域）のいずれについても、場として機能します。居住地域で、今まで地域に無関心だった人の参加の第一歩としての場になりやすいでしょう。ふるさとやファンの地域に対して「よそもの」として関わりたいと思うときも、多様な人が出入り自由の場なので、すんなりと受け入れてもらえることができるでしょう。この地域のサードプレイスの実態を、各章で詳しく述べていきたいと思います。

関係人口としてつながる

地域のサードプレイスと同様に、ゆるくつながる考え方として、最近注目を集めている考え方が関係人口です。今までは、地域と人の関わりとして、定住人口、交流人口という用語が注目されてきました。地域については、人口減少による危機が叫ばれていますから、定住人口が注目されるのは当然のことでしょう。少しでも人口を増やしたいという観点から、ＵＩＪターンによる移住を最優先の政策として、自治体間で優劣が競われることになります。実際、ＵＩＪターンはブームと呼べるほど、希望者が増えています。

次に交流人口ですが、すぐに思い浮かぶことは観光です。特徴あるイベントや、地域の特産品づくり、コト消費などをうまく絡ませると、一気に観光客増につながり、地域おこしの切り札になることも多いのです。

しかし、地域についての選択肢が定住人口、交流人口しかないと考えると、関わり方が限定されてしまいます。定住・移住は素晴らしいことではあります。ただ、「定住・移住して、全身全霊をかけてその地域に関わるのでなければ、地域について何か言ってほしくない、よそものにいろいろと言われたくない」という考えにつながるのであれば、地域とゆるくつながることができなくなってしまいます。さらに、多くの自治体が競って移住施策を打ち出したとしても、限られたパイの奪い合いとなり、ゼロサムゲームとしての限界があることも事実です。

また交流人口ですが、これも観光その他のイベントで、地域が繁栄することは素晴らしいことです。また観光をきっかけにその地域に関心を持ち、定住・移住することもあるでしょう。ただ、関わり方というのは、やはり観光だけではないはずです。ミレニアル世代などの若者世代では、社会貢献の意識が高まっており、地域へも何らかの貢献をしてみたいとの希望があります。そこで、観光以外の選択肢が望まれるわけです。

このような社会の機運を反映して、総務省の研究会報告書[6]では関係人口という考え方が提唱されました。報告書で関係人口は「長期的な『定住人口』でも短期的な『交流人口』でもない、地域や地域の人々と多様に関わる者」[7]と定義されています。そして具体的な関係人口の種類としては、「『近居の者』『遠居の者』『何らかの関わりがある者』『風の人』」[8]が例示されています。

「風の人」とは、趣のある表現ですね。「風の人」とは、ローカルジャーナリストの田中輝美氏が提唱した言葉であるそうです。田中氏は著書[9]で関係人口の関わり方の具体例として、「特産品購入」「寄付（ふるさと納税など）」「頻繁な訪問」「ボランティア活動」「二地域居住」を挙げています。「風の人」

とは、ここで示された多様な関わり方を自由に選択し、定住・移住でもなく、交流・観光でもなく、地域の仲間として貢献したいという気持ちに沿って行動している人を指すようです。

「風の人」という表現がわかりやすいのは、複数の地域に同時に関わることも肯定されるイメージがあるからではないでしょうか。従来は、複数の地域に同時に関わることには否定的なイメージがあったかもしれません。「全身全霊をあげて、ひとつの地域に尽くすのでなければ、意味はない。そうでなければ、いい加減だ」という批判です。しかし「風の人」として、複数の地域のファンになり、複数の地域に貢献しても、本来、何ら問題はないはずです。これは、社員の兼業・副業を嫌い、1つの企業だけに忠誠を尽くすべきとする論理と似ています。

また「風の人」にとっては定住・移住が最終ゴールではない、というイメージもわかりやすく伝わります。多様な選択肢があってもいいけれど、やはり最終的には必ず定住・移住してほしい、となれば、真の意味で選択肢が増えたとはいえないでしょう。定住・移住をゴールとせず、「風の人」としてさまざまな地域を漂い、それぞれに貢献していく。それでも意味があるんだよ、と肯定されれば、安心して、ゆるく地域とつながることができそうです。

パラレルキャリアとしてつながる

地域のサードプレイスと関係人口という考え方によって、地域とゆるくつながる可能性について考えてきました。本書で地域とゆるくつながることを推奨する理由の1つは、それが個人のキャリアにとって刺激となり、様々な気づきをもたらす機会になるからです。

ここで、また批判があるかもしれません。地域活性化の目的は、人口減少などで危機に瀕している地域を救うことであって、その地域に住んでもいない個人が、自分のキャリアに良い影響があることを目的として関わることは、本末転倒ではないか、という批判です。この批判の根底には、今まで述べてきた定住・移住だけを重視する考え方もありますが、もうひとつ、「大きな物語」至上主義という考え方もあるのではないでしょうか。

近代社会は「大きな物語」を信じた時代[10]でした。自分が属する国、地域、組織が危機に瀕した時、人は共通した「大きな物語」を信じ、その救済のためには自己犠牲を厭いませんでした。また属する国、地域、組織を救うために自己犠牲を伴うことは、人々の共感と感動を呼ぶことになります。現代のような複雑で変化の激しい時代にあっては、人々は「大きな物語」を喪失したと言われていますが、果たしてそうでしょうか。実は、今でも多くの人は「大きな物語」を信じている側面もあるような気がします。

もちろん、属する国、地域、組織のために尽くすことは大事なことですし、そのために自身の犠牲を払うことは尊敬に値することでしょう。ただ、「大きな物語」を信じきってしまうことは、思考停止にもつながります。何も考えずに、国、地域、組織に必要な「やるべきこと」にまい進していると、それさえやっていれば安心するようになっていきます。そうすると、いつのまにか自分の「やりたいこと」を喪失してしまうわけです。また「やるべきこと」をやらない人は、わがままな人、という他者からの圧力も受けやすくなってしまいます。

しかし、本当に皆が何も考えず、「大きな物語」を信じ切ってしまっていいのでしょうか。それが各人の喜びにつながる保証は、本来、何もないはずです。ただ、「大きな物語」がないと不安になってしまうということかもしれません。そこで、筆者が提案したいことは、個人の「小さな物語」をそれぞれが考え抜くということです。

もっとも「小さな物語」には批判もあります。「大きな物語」に取り込まれることを恐れるあまり、「小さな物語」はそれぞれの独立性を高め、独自の価値を主張するようになります。簡単にわかり合えてしまうことは「大きな物語」につながってしまうので、それぞれが意図的にわかり合えないようになっていく。あるいは、わかり合えるというのは結局錯覚であり、個人の世界観は個人にしか分からないので、個人単位の無限のわかり合えなさが増幅していくという批判です。

しかし「小さな物語」は、けっして個人のわがままではありません。個人のキャリアとしての「小さな物語」を大切にできることは、他者を大切にできることにもつながるからです。もっとも、そのときにはお互いの「小さな物語」の違いを認めた上で、それでも対話を続け、お互いに分かり合おうという姿勢が必要です[11]。

対話を続けるという姿勢さえあれば、地域と関わりを持っているときに、「大きな物語」を起点にしても、「小さな物語」を起点にしても、地域に貢献するというゴールにはたどり着くことになると思います。そうだとすれば、自分のキャリアにこだわりながら地域に貢献する、つまり「小さな物語」を起点にするという選択肢があってもいいのではないでしょうか。

地域とのつながり方で自分のキャリアを起点にする場合に、お勧めしたい考え方がパラレルキャリアです。図1-2をご覧ください。

図1-2はチャールズ・ハンディが提唱した人生の4つのワークです。ワークとは、職業に限定されるものではなく、人生の役割にあたるものです。ハンディは、長寿化が進み、複雑さが増す現代社会においては、1つのワークに全身全霊を注ぐ生き方だけではなく、複数のワークを同時に行う生き

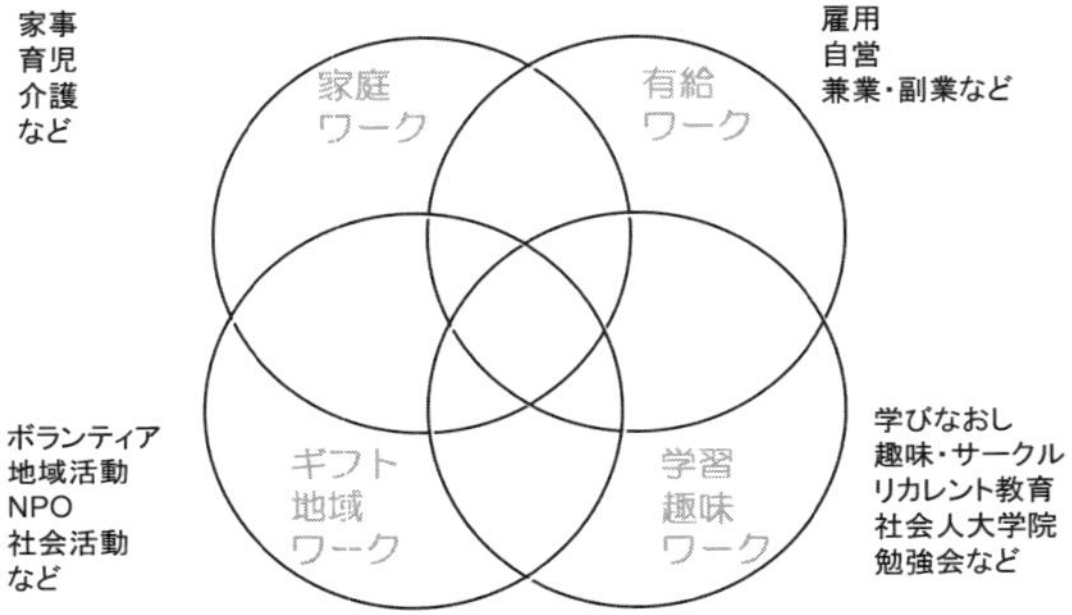

図1-2　4つのワーク・人生の役割
出所：Handy, C. B. (1995). The Age of Paradox. Brighton :Harvard Business Press.(小林薫訳『パラドックスの時代』ジャパンタイムズ,1995年)に基づき、筆者が加筆修正して作成

方もあるのではないか、と考えました。そして、そのような生き方が選択できるようになれば、個人の人生がより豊かになると考えました。筆者は、この4つのワークを同時に複数行うことが、パラレルキャリアであると考えています。

もともとハンディは、4つのワークとは、「有給ワーク」「家庭ワーク」「ギフトワーク」「学習ワーク」であるとしています。報酬を得る仕事である「有給ワーク」、家庭を営む「家庭ワーク」、社会に貢献する「ギフトワーク」、若い時代の教育だけではなく、生涯の学びを意味する「学習ワーク」の4つです。筆者は、「ギフトワーク」を「ギフト・地域ワーク」、「学習ワーク」を「学習・趣味ワーク」へと、少し名前を修正したいと思います。

社会に貢献する「ギフトワーク」は、ボランティア活動やＮＰＯ活動などを意味しますが、これらの活動には地域社会に貢献するという意味も含まれているでしょう。そこで、地域活動が含まれることをはっきりさせるため、「ギフト・地域ワーク」に修正するわけです。また「学習ワーク」の学習には、リカレント教育のような生涯にわたる学校教育だけでなく、趣味・サークル活動としてのゆるやかな楽しい学びが含まれるのではないでしょうか。そこで、「学習・趣味ワーク」へと修正したいと考えます。

こうしてみると、パラレルキャリアには、「ギフト・地域ワーク」としての地域への関わりが含まれることがわかります。図1-2のように、「ギフト・地域ワーク」には「有給ワーク」との重なりがありますから、報酬がある場合もない場合も、両方該当します。また、「ギフト・地域ワーク」には「学習・趣味ワーク」との重なりがありますから、学びの要素も存在します。

たとえば、パラレルキャリアにおいては、生計を立てるための「有給ワーク」を行いながら、居住地とは異なる遠隔のファンである地域に「ギフト・地域ワーク」を行う、という「風の人」としての生き方が普通のことのように実現します。また、４つのワークを意識すること自体、複数の事柄に貢献していくことになるので、ひとつの「大きな物語」にからめとられることはなくなります。自分の「やりたいこと」、自分の「小さな物語」とは何かを意識し、それを起点として地域とゆるく関わっていくことにもつながっていくことができるのです。

新潟キャリア・ディベロップメント・フォーラムの第1回イベント

目的交流型サードプレイスと関係人口の例

ここで、簡単に筆者と関わりのある目的交流型サードプレイスや関係人口の事例を紹介したいと思います。たとえば、人材育成を目的とする目的交流型サードプレイスです。筆者は新潟県の出身なのですが、首都圏にはキャリア形成・人材育成の関係者で新潟出身の方が、結構います。たまたま、神楽坂の新潟郷土料理の店で、慶應義塾大学大学院理工学研究科特任教授の小杉俊哉さん、i-plug社の金澤元紀さんと飲んでいたときに、「新潟県でキャリア形成のイベントを定期的に開催したらおもしろいのではないか」という話で盛り上がりました。賛同者を募ったところ、新潟に現在居住している人、新潟と東京の2地域で活動している人、首都圏在住の新潟県出身者、新潟に居住していないが

15歳の起業家・平松明花さん

時々研修講師をする人、新潟出身の世界的フォトグラファーなど、関係人口を含むさまざまな人々が集まり、「新潟キャリア・ディベロップメント・フォーラム」[12]が結成されました。

新潟県は、上越地方、中越地方、下越地方に区分できます。新潟県全域でキャリアのイベントを行い、人々の交流を促すことを目標にしました。2018年6月の下越地方（新潟市）を皮切りに、11月には中越地方（長岡市）、2019年8月には上越地方（上越市）でイベントを開催しました。たとえば、新潟市のイベントは、高校1年生・15歳で起業した平松明花さんに特別講演をしていただいたうえで、参加者それぞれ、どのようにキャリア自律を進めていくかについて、対話しました[13]。平松さんは、2018年2月に、韓国コスメの輸入販売を行う株式会社CPCを設立しました。平松さんにとって、起業し、会社を経営することは、好きなこと、やりたいことをしているだけで、「よくいる高校生」であることに変わりはありません。起業以外のやりたいことにも、高校生活の一環として自然体で挑戦しているという

大分イノベーターズコレジオ

平松さんのお話は、あまりに面白かったので、平松さんの起業を支援したモザイクワーク社の杉浦二郎さんとともに、東京のイベントにもお招きし、新潟日報社に取材していただきました[14]。このように、飲み会というちょっとしたきっかけでも、目的を持って、人が自発的に集まると、ゆるく楽しいままに様々な地域の人の交流が始まります。

次は、地域でのイノベータ育成です。大分では、イノベータ人材の育成を目的として２０１９年から「大分イノベーターズコレジオ[15]」という試みがなされています。大分といえば、大友宗麟によって南蛮文化が花開いたことが有名です。１５８０年当時の豊後国府内で、日本ではじめて「コレジオ」という聖職者育成及び一般教養教育のための高等教育機関が設立されたそうです。このコレジオを現代にイノベータ人材の育成として再現させる試みが、「大分イノベーターズコレジオ」なのです。

この試みは、推進するチームの多様性が興味深いのです。大分に居住するザイナス社代表取締役社長の江藤稔明さん、大分と東京の二拠点で活躍する女性起業家でキャリアヴォイス代表の山崎美和さん、大分にUターンした大分大学講師の碇邦生さんらが主要なチームメンバーですが、それぞれのキャリアから、大分以外の地域との関わりが深いことが分かります。そのため、「大分イノベーターズコレジオ」の講師陣は大分内外の特徴ある人々が集結しています。まさに居住者、Uターン者、2拠点を行き来する人、関係人口など、多様な人が入り交じった仕組みになっています。

筆者は山崎さんに声をかけていただき、大分で江藤さん、山崎さん、碇さんらから、立ち上げへの思いを、飲みながらじっくり聞かせていただきました。そこで、講師としても参加することになり、イベントには東京からゼミ生も加わります。このイベントで多様な人々の間にどのような化学反応が起きるのか、実体験していくことにしています。

また、筆者が住む神奈川県川崎市でも川崎100人カイギという面白いイベントがあります。もともと、全国で100人カイギ[16]というコミュニティがあります。これは、地域などの人々のゆるいつながりを作ることを目的としたコミュニティ活動です。100人カイギというアイディアを思いついたのは、高嶋大介さんです。

100人カイギの集合写真

高嶋さんは、もともと勤務している会社の仕事として、港区の地域活性化事業を行っていました。港区というのは、まさに都会中の都会かもしれません。昼間人口が夜間人口より圧倒的に多い街です。高嶋さんが感じたのは、たくさんの昼間人口も企業も存在しているのに、そこには、人のつながりが少ないということでした。これは、港区だけではありません。たとえば規模の大きい会社でみても、同じ部署の人とはよく話すものの、関わりのない部署の人とのつながりが分断されているという状況があるのではないでしょうか。

高嶋さんは、このような地域や会社の中での人のつながりの分断という問題意識を持ち、まずは港区で100人カイギの原型となるイベントを始めたのです。では、その仕組みとは、どのようなものでしょうか。100人カイギとは、その地域で面白い活動をしている5名のゲストの話を

100人カイギのワイガヤ

毎回聞き、ゲストが100名に達したら解散するコミュニティです。つまり、20回開催したら終了する、「終わりのあるコミュニティ」なのです。

毎回登壇するゲストは、子どもから高齢者まで、その地域に関わりのある人なら誰でもいいのです。実際、島根県雲南市の初回では、小学生がゲストとして話しています。ゲストは、その人自身の生き方や働き方を10分間紹介するだけなので、特別な人、有名な人でなくても、まったく問題ありません。むしろ、地域の身近な人の生き方や働き方を知ることができることが面白く、そこからさまざまな人のつながり方が発生していくことになるわけです。

また、「終わりのあるコミュニティ」を明確にしているところも特徴的ですね。図1-1で説明した通り、目的を持つコミュニティは、自発的に参加する目的交流型サードプレイスと義務的に参加する義務的共同体（地縁コミュニティ）に区分できます。義務的共同体の場合、出入り自由という感覚を持つことは難しく、ずっとそのコミュニティに所属していなければならないという感覚が生じることになります。

ところが、目的交流型サードプレイスでも、長期間継続していくと同じような問題が生じることがあります。長期間続くことで、コミュニティの中心的な運営を担う人の熱意が低下する、コミュニティに最初からいた人が偉いという雰囲気が生まれ、自由闊達ではなくなる、コミュニティの開催そのものが目的化してしまう、などの問題です。そこで100人カイギでは、20回開催したら終了、という明確な終わりを設けることで、「続けることありき」のコミュニティではないことを、はっきりさせたのです。

終わりがあると寂しいような気もしますが、むしろ中心的な運営を担う人は、その期間、熱意を持ってがんばることができます。さらに、100人カイギで出会った人たちが、自主的に、こんなプロジェクトやりたい、あんなプロジェクトやりたい、と派生的に目的交流型サードプレイスを次々に生み出していくことがあるそうです。

2016年に港区を原型として始まった100人カイギは、2017年2カ所、2018年8カ所、2019年21カ所と、全国に草の根的に拡大しつつあります。これも、高嶋さんが、地域にやってくれとお願いしているのではなく、人のつながりを通して、やりたい、という地域が自ら手をあげて開催しているそうです。高嶋さん自身も、その広がり方に驚いているそうです。

筆者は、川崎市在住で川崎100人カイギ発起人である、組織開発コンサルタントの田口光さんにお声がけいただき、2019年4月の川崎100人カイギにゲストで参加しました。地域の普段出会えない人々と交流でき、このようなゆるいイベント、目的交流型サードプレイスの楽しさを実感できました。まさに、自発的に参加し、出入り自由で、地域とゆるくつながることのできるコミュニティだと思います。

また、筆者は、その時に高嶋さんのことは存じあげなかったのですが、川崎100人カイギをきっかけに知り合いになることができました。その後、川崎100人カイギの運営を担う千葉憲子さんとも、ゼミにも遊びにきていただきました。

柔軟な働き方と関係人口

関係人口については、柔軟な働き方と相性がいい、という切り口もあります。この切り口で、今、注目されている地域が広島県福山市です。福山市の副業・兼業人材の活躍は、関係人口の方向性を示すものとして、大いに参考になりそうです。

福山市は、２０１７年11月15日から12月12日にかけて、市が抱える課題に対応するため、民間プロ人材を、戦略推進マネージャーとして、副業・兼業限定で募集しました。この募集には、市役所内の「自前主義」から脱却し、民間から既存の考え方に捉われない発想を取り入れたいという狙いがあったそうです。具体的には、毎月4日程度の勤務で、日当が2万5千円（宿泊・交通費別途支給）という仕組みによる副業・兼業の受け入れです。宿泊・交通費は別途支給であるため、全国からの受け入れを想定していました。

実際に募集をしたところ、定員1人に対し、なんと全国から３９５人の応募があり、5人に増員して選出したそうです[17]。全国から受け入れるという想定通り、5人の戦略推進マネージャーの本業の勤務先は、首都圏や関西です。全国各地から、これだけの応募があったということは、遠隔地における副業・兼業という新しい働き方に、多くの潜在ニーズがあったことが分かります。5人の戦略推進マネージャーですが、さっそく成果を挙げています。ここでは、大阪のロート製薬に勤務する安西紗耶さんと、都内の映像会社に勤務する野口進一さんの活動をご紹介します。

安西さんは、福山市の魅力的なコンテンツを組み合わせた備後リトリート女子旅というツアーを企画しました。福山市には、新幹線を使えば新大阪から1時間強で到着します。関西圏からの週末の小旅行の目的地としては、絶好のロケーションです。また、観光に適したコンテンツもさまざまありま

野口進一さんと安西紗耶さんが活動する様子

す。しかし、それらのコンテンツは、今までは必ずしも統合されて提供されているとは、いえなかったそうです。そこで、安西さんは新しい発想を持ち込みました。客層のターゲットを絞った旅の企画を提案したのです。

ターゲット層は、20代後半から40代の、週末にひとり旅を楽しみたいという女性です。平日は関西や福岡などの大都市圏で忙しく働いているからこそ、週末くらいはマイペースに憩いやゆとりを求め、のんびりしたい。しかし友達とはなかなか休みのスケジュールもあわず、気軽に旅行にいけない。安西さんは、こんなターゲット層のニーズを設定し、福山市への女性の週末ひとり旅を提案したわけです。

実は、福山市にとって、ターゲット層を絞るという考え方は新鮮な発想だったのです。行政にとっては、市民に対し、広くあまねく公平なサービスを提供することが基本的な考え方です。そうなると、市民のターゲットを絞るということ

鞆の浦の街並み

自体に抵抗感があります。そのため、市民の一部だけ対象にし、そのターゲット層のニーズを仮想的に設定する、という考え方になじみがなかったわけです。しかし、戦略推進マネージャーの受け入れの目的は、既存の考え方に捉われない発想の取り入れですから、福山市としてはこの提案を実行に移すことにしました。

忙しい日常を忘れ、憩いを求め穏やかにすごすための女性のひとり旅というコンセプトにぴったりの場所が、福山市には多く存在していました。まずは、「神勝寺　禅と庭のミュージアム」です。神勝寺は、福山市の山間に位置し、7万坪の広大な敷地を有し、「見る。歩く。休む。瞑想する。」をコンセプトにしています。禅を体験することもでき、日常の忙しさを忘れるには絶好の場です。

次は、鞆（とも）の浦です。瀬戸内海国立公園に位置し、江戸時代の風情を残す瀬戸内海の港町で

常夜燈

ある鞆の浦は、その港町文化をテーマとしたストーリーが日本遺産にも認定されています。スタジオジブリの「崖の上のポニョ」の舞台のモデルともいわれています。重厚な石造りの江戸時代の街並みの風情と、点在するおしゃれなカフェが共存し、港には灯台として１８５９年（安政６年）に建造された、鞆の浦のシンボル「常夜燈」が建っています。この常夜燈はインスタ映えするスポットとして、人気があります。

さらに、鞆の浦から渡し船に乗って５分で、無人島「仙酔島（せんすいじま）」に到着します。仙酔島は、瀬戸内海の中でも潮と潮とがぶつかり合う地点にあり、洞窟蒸し風呂である江戸風呂が有名です。非日常的で、穏やかさがある島だからこそ、自分の人生の意味を振り返ることに適しているのです。

これらの福山市の場所をコンテンツとして統合してみ

ると、まさに女性のひとり旅として人気を博しそうです。この企画は２０１８年の10月以降実行に移され、参加者を抽選で決めるほどの人気となりました。ツアーの様子はインスタグラムやツイッターなどのＳＮＳで数多く情報発信されています。このように企画が成功した理由は、やはりターゲット層のニーズを絞り込んだからでしょう。絞り込みによって、非日常と憩いの場所を統合的に提示できました。民間の既存にとらわれない発想の効果を示せたわけです。

一方、野口さんは、首都圏のクリエーターを福山市に呼び寄せることに力を注いでいます。ひとり旅の企画で分かるように、福山市には多くの魅力ある場所が存在しています。そのため、映画やテレビドラマのロケ地として使われることが珍しくありません。こうしたロケ地としての実績を活用し、映像の街というコンセプトづくりをすることで、映像関連の事業や人材を誘致し、包括的なロケ地サポートを提供しようとしているのです。

野口さんのもう1つの試みが「ワーケーション」です。ワーケーションとは、仕事（work）と余暇（vacation）による造語であり、本来は余暇先であるような場所で仕事をするという新しい働き方を意味します。モバイルメディアによる新しい働き方に詳しい松下慶太氏によれば[18]、ワーケーションの意義は、「日常的非日常」と「非日常的日常」が同時に実現することにあり、また、労働と余暇が区別されたものという職業生活の考え方にくさびを打ち込む可能性を秘めているところにあります。さらにテレワークなど柔軟な働き方を支える、ＩＣＴなどの技術進歩によって可能となった考え方でもあります。

　クリエイティブ産業などの人材には、働く場所を選ばず、チャレンジ精神が旺盛という特徴があります。魅力ある非日常的な場所の多い福山市で働くことは、クリエイティブ人材にとって現実的な選択肢であるはずです。また、一度気に入ってもらえれば、他のクリエイティブ人材の誘致につながるという、大都市圏と福山市の人材の循環の実現もできるでしょう。

　ただ、こうした構想を実現するためには、クリエイティブ人材と直接知り合うことができ、しかも信頼してもらっている人物の存在が不可欠です。従来、福山市にはそのような人脈ネットワークは存在しませんでした。野口さんが戦略推進マネージャーとして、自身の人脈を活用してくれたことで、ワーケーションの構想が実現することになったわけです。市の職員からは「市単独ではつながれなかった、クリエイティブ人材のキーパーソンとつながることができた」と評価されています。

　筆者の研究室は、こうした取り組みの斬新さに注目し、福山市と共同研究を進めることにしています。２０１９年６月には、その打ち合わせをするために、ゼミ生２名と共に福山市役所を訪れました[19]。その際に印象深かったのは、東京から訪問した筆者たちと福山市の職員が集まっている福山市役所と、安西さんの勤務先である大阪を結んで、Ｗｅｂ遠隔会議システムによって打ち合わせをしたこ

福山市でのWeb遠隔会議の様子

とです。

筆者たちにとっては、福山市に実際に行ってみて、その状況を体感することに価値があったのです。ただ同時に、物理的な場所の制約なく、全国にちらばる戦略推進マネージャーとも打ち合わせができたわけです。関係人口の時代にあっては、ひとり旅のように実際にその場所を体感してファンになること、ワーケーションのように余暇先と仕事先という遠隔地をICT技術を活用して結びつけること、この両立が重要なのかもしれません。

いずれにせよ、福山市の事例は関係人口において、多くの示唆に富んでいます。遠隔地からの兼業・副業という形態が、テレワークなどのICT技術の進展ともあいまって、十分に可能であることを示しています。つまり、誰もが場所を選ばずに、ファンである地域で、仕事ができるようになっていくわけです。

また、行政と民間という異なる発想が交じり合うことで、その地域のファンをもっと増やすことができるかもしれません。ターゲット層を絞った企画によりその地域のコンテンツの魅力を統合的に発信できる、その地域に関心のなかったキーパーソンとつながることができる。既に、こうした成果が挙がっているのですから、今後、ますますファンを増やす斬新なアイデアが湧き出てくることが期待できます。

本書の構成

本書の構成は以下の通りです。

第2章は、筆者（編者）自身が執筆します。テーマは、地域のサードプレイスの作り方です。千葉県松戸市で学習支援を行うNPO「Jワールド」が、いかにしてサードプレイスを作り上げたかに触れます。そこでは、多世代の包摂が実現していて、支援者・被支援者という区別はありません。また、静岡市でパラレルキャリアを実践する若い世代がサードプレイスをいかに作り上げたかについても、述べていきたいと思います。

第3章は北川佳寿美さんが執筆しました。ふるさとである福岡県宗像市から遠く離れて東京で暮らす人々が、離れていながら宗像市とつながりをつくる姿を描きます。2番目の「ふるさととしての地域」と関わる事例です。

第4章は、片岡亜紀子さんの担当です。千葉県市川市の起業支援について述べていきます。市川市の起業支援をきっかけにして、子育て中の女性が、思いがけず地域と関わる起業を実現しました。1番目の「現在、居住する地域」と関わる事例です。

第5章は谷口ちさささん。高知市土佐山地域における移住の事例について述べていきます。これは移住の事例ですが、その移住にはNPO「土佐山アカデミー」が重要な役割を果たしています。そして移住者も土佐山アカデミーの代表も、土佐山からみれば「よそもの」なのですが、土佐山には昔から「よそもの」を受け入れる歴史・文化があります。筆者のゼミでも、夏合宿を土佐山で行いました。地域との関わり方として1番目、2番目、3番目が複合している事例です。

第6章は山田仁子さんの執筆によるものです。横浜市の岩崎学園の学生が、地域への貢献を行っていくことについて述べていきます。1番目の「現在、居住する地域」と関わる事例です。

第7章は岸田泰則さんの執筆です。岐阜県中津川市には、60歳以上のシニアを新卒採用する企業が複数存在します。このような仕組みが中津川市で盛んな理由の1つは、歴史・文化的に中津川では、生涯の学びが推奨されてきたからです。筆者のゼミも、夏合宿を中津川市で行いました。これは、1番目の「現在、居住する地域」と関わる事例です。

第8章は佐野有利さんが執筆しました。中山間地である静岡県島田市笹間地域では、人口減少が進み、唯一の小中学校が廃校になりました。この廃校になった校舎を再活用してこどもたちの声を甦えらせようと、地元の人々が立ち上がりました。そして、「よそもの」も関わり、国際陶芸博が開催されるようになり、移住者も増えていきます。地域との関わり方として1番目、2番目、3番目が複合している事例です。

第9章は、筆者（編者）が執筆します。地域としては、北海道室蘭市について述べます。室蘭では、地域と関連する学生のキャリア教育が行われました。筆者は、このキャリア教育に、ファンとして関わりました。地域との関わり方として1番目、2番目、3番目が複合している事例です。

いかがでしょうか。構成を見るだけでもさまざまな地域との関わり方が存在していることが分かると思います。しかも、これらの事例の、多様な関わり方のほんの一例です。それでは、読者の皆様とともに、地域とゆるくつながる旅を始めましょう。

注釈・文献

1 現在では、残念ながら静岡サテライトキャンパスは入学者の募集を停止しています。

2 経済産業省（２０１６）『働き方改革に関する企業の実態調査』

3 経済産業省関東経済産業局（２０１８）『兼業・副業による人材の受け入れニーズ調査報告書』

4 Oldenburg.R.(１９８９) The great good place. New York: Marlowe & Company (忠平美幸訳(２０１３)『サードプレイス』みすず書房).

5 片岡亜紀子・石山恒貴(２０１７)「地域コミュニティにおけるサードプレイスの役割と効果」『地域イノベーション』No.9, pp.73-86.

6 総務省（２０１８）『これからの移住・交流施策のあり方に関する検討会報告書—関係人口の創出に向けて—』

7 同前書19ページ

8 同前書19ページ

9 田中輝美（２０１７）『関係人口をつくる—定住でも交流でもないローカルイノベーション』木楽舎

10 ジャン=フランソワ・リオタール著小林康夫訳(１９８９)『ポスト・モダンの条件—知・社会・言語ゲーム』水声社

11 リオタールの提起したポスト・モダンにおいては、「小さな物語」の共約不可能性が進展するという考え方もある。しかし、ケネス・ガーゲンやリチャード・ローティのように、世の中に絶対唯一の真実もないが、世の中の役に立つことという前提で、異なる考え方であっても、ゆるくわかりあえれば、それでいいので、そのために対話するという主張もある。本書は、基本的にその立場にたつ。

12 新潟キャリアディベロップメントフォーラムホームページ
https://www.career-development-forum.work/ （２０１９年４月１日アクセス）

13 モザイクワーク社ホームページ
http://mosaicwork.co.jp/archives/488?fbclid=IwAR0PSF0zDHcT-2sKQADLzyKxsAg8w6zWPMeh0_KqIFTes0R-QZ608vR4htQ
（２０１９年４月１日アクセス）

14 新潟日報ホームページ　https://www.niigata-nippo.co.jp/news/national/20181022427213.html （２０１９年４月１日アクセス）

15 大分イノベーターズコレジオホームページ　http://collegio-oita.com/oic/ （２０１９年４月１日アクセス）

16 １００人カイギホームページ　https://100ninkaigi.com/ （２０１９年４月１日アクセス）

17 毎日新聞２０１８年３月６日　https://mainichi.jp/articles/20180306/k00/00e/040/223000c （２０１９年４月１日アクセス）

18 松下慶太（２０１９）『モバイルメディア時代の働き方』勁草書房

19 日本経済新聞電子版２０１９年６月13日
https://www.nikkei.com/article/DGXMZO46005540S9A610C1962M00/ （２０１９年７月１日アクセス）

第2章　地域のサードプレイスの作り方（石山 恒貴）

ユースペース

この章では、地域のサードプレイスの作り方について、述べていきます。ここでは、千葉県松戸市と静岡県中部地域の事例について取り上げたいと思います。サードプレイスとは前章で説明した通り、家庭（第1の場）でも職場（第2の場）でもない第3の場所であって、まったりとした時間を過ごせる場所です。その中でも、地域のNPO、まちづくり活動、こども食堂、コミュニティカフェなど、何らかの地域活動としての目的が存在し、自発的に人々が集まる場である、目的交流型を、「地域のサードプレイス」と呼んで注目したいと思います。目的もあり、楽しさもあり、出入り自由な「地域のサードプレイス」は、どのようにして作るこ

ユースペース

とができるのでしょうか。

ＮＰＯ法人「子どもの環境を守る会Ｊワールド」との出会い

ＮＰＯ法人「子どもの環境を守る会Ｊワールド」（以下、Ｊワールド[1]）との出会いは、小学生・中学生へのキャリア出前授業でした。筆者の研究室は、ＮＰＯ法人「キャリア権推進ネットワーク」と連携して、小学生、中学生、高校生、大学生へのキャリア出前授業を行っています（第９章の北海道室蘭市の事例は、高校生、大学生へのキャリア出前授業と関係しています）。千葉県松戸市にあるＪワールドでは、地域で子どもの居場所を作ることを目的としたＮＰＯです。活動の１つとして、学習支援事業に取り組んでいます。

松戸市の学習支援事業は、小学5年生から中学3年生までを対象に「生活困窮世帯、被保護世帯及びひとり親世帯の子どもに対して、学習支援や居場所の提供等を行い、学習意欲と基礎学力の向上を促し、自ら学ぶ力を養うこと」を目的としています[2]。

ＮＰＯキャリア権推進ネットワークは、主体的にキャリアを考える重要さを学生のころから知ってもらうために、小中高大生にキャリア出前授業を展開しています。Ｊワールドが学習支援を行う小学生・中学生にキャリア出前授業を行うことは、この趣旨にぴったりだったのです。

こども食堂「さっちゃん食堂」の様子

Ｊワールド代表の三浦輝江さんと最初にお会いしたのは、２０１７年にキャリア出前授業の実施前の打ち合わせに、Ｊワールドが地域に開放している居場所「ユースペース」を訪れた時です。「ユースペース」とは、その場を居場所とする中高生たち自身が名付けたもので、ユース（若者）のペースで、ユー（あなた）のスペース（場所）を見つけ、ユー（あなた）のペースで過ごす場所、という意味がある

さっちゃん食堂名物のビッグオムライス

そうです。自分たちで名付けたというところが、素晴らしいですね。

「ユースペース」は、新松戸駅からほど近いビルの2階にありました。「さっちゃん食堂」の看板など手作りの装飾が凝らされ、居場所に相応しい温もりを感じることができました。ただ、温もりの理由は、建物と部屋だけではありませんでした。スタッフをはじめ、その場にいた大人と若者たちが、皆、満面の笑顔で楽しそうに時間を過ごしていたからです。若者の中にも、学習支援を受ける学生と、それをボランティアで支援する学生がいるのですが、その区別はまったく分からず、両者とも楽しそうにしています。

三浦さんに、その感想を伝えたところ、「この場所の特徴は、支援者と被支援者の区別がないとこ

Jワールドのキャリア出前授業

ろなんです。お互いに、楽しんでやっています」と教えてくれました。実は「ユースペース」には、居場所についての研究者も、多く訪れるそうです。研究者たちは異口同音に、「この場は支援者と被支援者が同じ目線になっていて、区別がつかないところがすごい」と驚くそうです。

Jワールドでの小学生・中学生へのキャリア出前授業は２０１７年11月に、２回に分けて実施することができました。子どもたちは、はきはき話しながらワークショップに参加してくれました。いずれも、社会人5～6名がキャリア出前授業のファシリテータとして子どもたちとグループで話すのですが、その会話が楽しくて、むしろファシリテータ側のわれわれが元気をもらいました。

ただ、私自身は、なぜこの場は、こんなに楽しいのだろうと、正直、疑問を感じていました。「ユースペース」を訪れる前は、学習支援の場というのは、ただ楽しいだけの場ではないのではないか、と思っていたからなのです。そこで、三浦さんに、なぜ、このような楽しい温もりのある居場所が実現したのか、詳しく伺うことにしたのです。

三浦さんがＪワールドに辿り着くまで

話は、三浦さんが京都で暮らしていた学生の頃までさかのぼります。その当時、三浦さんに大きな影響を与えたのは、東京人のお祖母さんと、京都人のお母さんでした。お祖母さんは明治生まれでしたが、ばりばり仕事をこなす女性で、まさにハイカラな方でした。一方、お母さんは、女性に学歴はいらない、早く結婚することが大事だという考え方の人でした。

対照的な考え方の２人から影響を受けた三浦さんでしたが、お母さんの助言に従い、高校を卒業するとすぐに就職をして、その後22歳で結婚して、会社を辞めました。ところが結婚と同時に、夫の仕事の関係で、三浦さんはアメリカに移り住むことになります。当初はホームシックに悩まされましたが、徐々に生活に慣れていきます。

アメリカで、三浦さんはいくつかカルチャーショックを受けました。アメリカでは社会的地位に関係なく（たとえばスーパーマーケットの見知らぬ人との会話でも）、誰もが政治に関心を持ち、また三浦さんが知らないような日本の政治体制にまで関心を持つ人も多かったのです。三浦さんは京都しか知らない自分が物足りなく、日本は狭かったのだと実感するようになり、もっと勉強したいと思ったのです。

アメリカにはコミュニティカレッジという仕組みがあります。これは州立の、いわば日本でいうところの短期大学です。州の住民であれば、安い学費で入学できるため、多様な人々に広く門戸が開かれています。三浦さんもコミュニティカレッジに入学し、いろいろな国の人々と交流するようになりました。本当に勉強が楽しいと思い、そして、自分の気持ちに気がつきました。高校の時、多くの友達は進学したけれど、自分は進学を諦めた。本当は、大学に行き、自分自身の道を探したかったのだと。自分自身の将来に希望が持て、誰にも門戸が開かれているアメリカは、三浦さんにとって、輝いて見えました。コミュニティカレッジでの学びは、アメリカンドリームそのものだったのです。

ところが残念なことに、夫が現地法人の仕事を辞めたため滞在ビザがなくなり、やむなく帰国することになりました。帰国後も、再度、夫のアメリカ駐在の話もあり、三浦さんは楽しみにしていたのですが、バブル崩壊でそれもなくなってしまいました。アメリカに行く機会を失い、日本で悶々としていた三浦さんが出会ったのが、アメリカのネットワークビジネスでした。

このネットワークビジネスの売りは、アメリカンドリームでした。独自のノウハウを有するネットワークビジネスであり、学歴がなくても、誰でも頑張れば成功してアメリカンドリームをつかめるというのです。アメリカへの憧れを断ち切れなかった三浦さんは、このビジネスで一所懸命努力し、多くの知人を勧誘し、ビジネスが少しずつ軌道に乗るようになりました。いつしか、夫もこのネットワークビジネスに参加し、家族の生活の中心はネットワークビジネスとなり、成功するため、住まいも生活も子どもたちや家族の時間までも犠牲にするようになりました。

この生活は長く続きませんでした。ネットワークビジネスで三浦さんが形成したグループのメンバーが減っていけば、獲得できる収入は減ることになります。成功の逆回転が起こり、収入が減るだけでなく、知人はどんどん三浦さんから去っていきました。それでも、三浦さんはネットワークビジネスのセミナーに通い続けました。そこに行けば、参加者のテンションは高く、積極的で、頑張れば成功できると言われ続けたからです。しかし現実には、借金が膨らむ一方で、高い家賃は払えず、夫婦の会話はなくなっていきました。そんな状況でも、成功する人になるために頑張り、時間と全ての労力を費やし続けた三浦さんですが、ある日限界が来ました。頭の中で、プチンと何かが切れる音がしました。もう私はできない、と思ったのです。こんなに頑張ってきたのに、成功するどころか何も変わっていない自分自身に気づき愕然としたのです。それからの半年間について、今でも三浦さんの記憶はないそうです。

それからは、最悪の状態が続きました。生計のめどはないのに、三浦さんは買い物依存症が止まりません。夫婦の会話はなく、夫も現実逃避をして、三浦さんが何を買ったかさえ、聞こうとしません。夫婦が、こうなったのはお互いに相手のせいだと考え、現実に向き合うことができませんでした。三浦さんは、このままでは、とても自分が子どもを育てることはできないと悲観していました。

そのような状態の中で、ある日、突然、転機が訪れました。三浦さんのそばに残っていた数少ない知人から、教会を紹介され、今の「ユースペース」がある場所で、教会が運営している語り合いの場に行くことを勧められたのです。教会が運営している場ではありますが、クリスチャンでなくとも、誰でも参加できる開放的な場です。もう子どもを育てることができないと思っていた三浦さんは、教会が運営している場なら、子どもにいい影響があるのではと思い、子どもと一緒に通い始めました。

その語り合いの場や、講座で、安心して自分自身のことを話せるようになりました。「自分は恥ずかしい失敗者だ」と思って人前に出ることができなくなっていましたが、「どんなに失敗してもあなたは高価で尊い」と伝え続けられ、受け入れられていく中、少しずつ回復していきました。さらにさまざまな失敗の原因を夫のせいにしてきましたが、自分自身の中にも原因があり、資格や学歴にとらわれ自己肯定感が損なわれていたことにも気づき、それらがなかったとしても、自分自身を肯定できるように回復していきました。さらに、その場を運営している牧師の方から、「悩んでいる時こそ、人のためになることができる、自分の失敗を話すといい」と強く勧められ、回復の途上から、居場所に集まる方々に自分自身の経験を話すようになりました。

もともと三浦さんは幸せになりたいから、成功したいと思ってがんばってきたわけです。ただ、誰も責めない、誰も無理やり教え諭そうとしない、まずは受け入れてくれる安心できるこの場で、成功しなくても、学歴がなくても、人はもともと価値ある存在だと、三浦さんは気がつくことができました。この考え方が、「あなたは高価で尊い！ ひとりひとりが違うから素晴らしい！」というJワールドの考え方につながっていきます。そして、三浦さんは、地域の子どもの環境を守るという取り組みを進めることになったのです。

Jワールドができるまで

こんな経緯があるからこそ、Jワールドが作る居場所に支援者と被支援者はいないのです。そこに集まる人は、全員が価値ある存在だからです。１９９５年に、まずは子育てセミナーやリトミックが開始されました。その後、２０００年には「子どもの環境を守る会」が結成され、２００６年からは「ユースペース」の活動が開始され、2008年にはNPOとしてのJワールドが設立されました。まさに、子どもと大人がともに楽しめる居場所が形成されたのです。

しかし「ユースペース」には大きな試練がありました。徐々に「ユースペース」に中学生が集まり始めた時です。その場に、問題行動のある中学生のA君が来るようになったのです。すると、他の中学生たちが、「A君は嘘をつく。友達の物を盗む。A君が来るなら、ここに来たくない。A君は、ここに来させないでほしい」と訴えてきたのです。「ユースペース」は、A君を取るか、他の子どもを取るか、という選択を迫られることになってしまったのです。

実際、A君に話を聞いたところ、「殺せ」という声が頭に聞こえてくるというのです。そのため、A君は声に従い、公園で動物を殺していました。またA君には虚言癖もありました。しかし、スタッフは、A君を見捨てませんでした。開放的な居場所である以上、来たい人はいつ来てもいいはずだからです。その結果、とうとう他の中学生たちは「ユースペース」に来なくなってしまいました。

A君は、「ユースペース」がとても気に入ったようで、夕食もよく食べていました。ある時は、カレーライスを10杯も食べたことがありました。ちなみに、Jワールドは「こども食堂」として、地域に安価で食事を提供する役目も果たしています。人は、食事をする時こそ、安らいで、他の人との話が弾むのではないでしょうか。そして、「ユースペース」だと、安心して食事ができるようなのです。

A君は「ユースペース」にいると、「ここにいると殺せという声が聞こえない」と語るようになっていきました。

その後、高校に入った時、A君は、B君をはじめクラスの友達を大勢ユースペースに連れてくるようになりました。B君は周囲からみると、札つきの不良でトラブルメーカーと思われていました。それだけでなく、同じく周囲から不良とみられている友人たちを連れてきました。B君たちは、「ユースペース」の周りにたむろして、たばこを吸うこともよくありました。そのため、近隣では、「ユースペース」には怖い人たちがいて、近づくと危ないという評判がたったほどです。それでも、スタッフみんなは、「ユースペース」を彼らの居場所として提供し続けました。居場所として場所を提供している教会の牧師は、Jワールドのスタッフだけでなく教会員にも「命がけで彼らを受け入れてください。彼らはここしか受け入れてもらえる場所がないからです」と訴えました。その言葉の通り、全員が命がけで「おかえり」と笑顔で彼らを迎え続けました。

高校進級も危ぶまれたB君は無事卒業し専門学校に進み、介護の勉強をしました。そして介護福祉士になることができたのです。なぜ、B君は介護を志したのか。それは、「ユースペース」が多世代共生の場で、高齢者も小さな子どももいたからです。父子家庭で育ったB君は多世代との交流の中で家族体験をし、自分の存在が大切なんだと確認し回復しました。そして、高齢者の役に立ちたいと思うようになっていったのです。このB君の進路選択に喜んだJワールドのスタッフたちは、それをB君の高校の教師たちに伝えました。しかし、教師たちは、B君の高校の頃の怖さが身に染みていたので、喜ぶどころか、誰も会おうとしなかったそうです。

地域のサードプレイスを作るコツ

子どもの環境を守る目的を持ち、子どもも、若者も、ミドル世代も、高齢者も、誰でも気軽に訪れることができる「ユースペース」は、まさに地域のサードプレイスと呼ぶことができるでしょう。では、地域のサードプレイスを作るコツとは、どのようなものでしょうか。

Jワールドの事例からは、その重要な視点を学ぶことができます。Jワールド運営の原点は、誰もがそのままで価値がある、ということです。頑張るから、成功するから、学歴があるから、価値があるわけではありません。価値は条件付きではないのです。

そのため、地域のサードプレイスでは、誰も排除しません。そこに来たいと思う人は、誰でもそこに来ていいわけです。また、そこにいる人たちに、支援者と被支援者がいるわけではありません。お互いの失敗経験や成功経験を共有することで、お互いに学び合い、自分が悩んでいるからこそ、それを人に話して、自分と人が共に救われていくわけです。

また、さまざまな専門機関との連携も重要です。行政、学校、町会、民間の支援団体との連携を通して居場所を取り巻く地域の協力関係も進んでいきます。このような特徴があるからこそ、小さな子どもも、若者も、ミドル世代も、高齢者も、多世代がともに楽しめるのではないでしょうか。

静岡の地域のサードプレイスとの出会い

次に、静岡の地域のサードプレイスについて、お話したいと思います。静岡には、本章で述べていくように、多彩なサードプレイスがあります。これらのサードプレイスと知り合うことができたのは、第1章で述べた静岡サテライトキャンパスの学生であった、柴田弘美さんのおかげです。

柴田さんは、個人事業者として静岡でさまざまな活動をされており、それと同時に社会人大学院生として静岡サテライトキャンパスで学んでいました。柴田さんは授業で、パラレルキャリアという言葉に興味を持ってくれました。それまで、パラレルキャリアという言葉は知らなくても、既に静岡でそれに当たる活動をしている人を多数知っていたそうです。

柴田さんが、パラレルキャリアにもっとも当てはまる、と考えた人が黒田淳将さんでした。そのころ、

ＳＢＳテレビ（静岡放送）の牧野克彦アナウンサーもパラレルキャリアに興味を持ち、取材を進めていました。牧野アナウンサーも柴田さん経由で黒田さんを知ることになり、黒田さんはＳＢＳテレビのイブアイしずおかという番組内のパラレルキャリア特集で取り上げられることになりました。さらに、柴田さんが企画した、パラレルキャリアに関するワークショップも、その特集で同時に紹介されることになりました。筆者は、そのワークショップに講師として参加しました。その場で、黒田さんと知り合うことができたのです。

黒田さんがサードプレイスを作るようになった理由

イブアイしずおかのパラレルキャリア特集は、２０１７年のゴールデンウィークに放映されました。番組内では、黒田さんの５枚の名刺が取り上げられました。１枚目は静岡市内の不動産会社の店長の名刺です。２枚目は静岡市のワインバーのメインバーテンダー、３枚目以降は、草薙マルシェ実行委員や静岡カンヌウィークでマルシェの統括など、まちづくり活動に携わっているときの名刺でした。番組内では、これらのパラレルキャリア活動としての複数の名刺が相乗効果を持ち、１枚目の名刺である不動産会社店長としての仕事に良い影響を与え、店長としての成績が、全国で１、２位を争っ

マルシェの様子

ているほどであることが紹介されました。

これは、パラレルキャリアのとても良い事例だと思います。パラレルキャリアの研究者として、私は黒田さんに興味を持ちました。ただ、少し話を先取りすれば、黒田さんの活動は地域のサードプレイスと関係するものでもあります。草薙マルシェや静岡カンヌウィークには目的があるので、まさに地域のサードプレイスです。それだけでなく、ワインバーも、新しい一歩へのきっかけになる場所を作りたいという思いから、黒田さんが仕掛けたものだったのです。なぜ、黒田さんはこのように地域のサードプレイスを作るようになったのか。その経緯を知るために、私は黒田さんに詳しくお話を伺いました。

黒田さんは学生時代、家庭の事情で苦労しました。模擬テストで首都圏の国立大学のA判定を取れていたのですが、首都圏に進学する費用を工面することができず、静岡県内の大学に進学することになりました。また、経済的な事情があるため、大学ではアルバイトにかなり時間を割いたそうです。ただ、結果として、このアルバイトが黒田さんを大きく成長させ、その後のサードプレイスへと導くことになっていったのです。

特に力を入れたアルバイトは数学の塾講師と、バーテンダーです。それぞれのアルバイト先の指導者の2人が、その後の黒田さんの人生のメンターになりました。塾講師では、仕事の基本を学びました。黒田さんは教員という仕事に憧れていて、教職を取ったほどです。塾の生徒にはごまかしがきかないことを常々実感し、等身大の自分として向き合っていきました。

同時にバーテンダーのアルバイトもしていました。この時の師匠は、静岡では伝説のバーテンダーと呼ばれている人でした。塾講師が生徒と向き合うのと同様に、バーテンダーはお客様と向き合わなければなりません。お客様との向き合い方はマニュアルで覚えるわけにはいきません。体で感じなければ、会得できないわけです。

師匠はまず黒田さんに、静岡にあるバーのジントニックを、くまなく飲んでくるように伝えました。ジントニックにこそ、そのバーの主張が滲み出るというのです。黒田さんは言われた通りに、くまなく静岡のバーで、ジントニックを飲み歩きました。その結果、ジントニックの細かなニュアンスの違いが、バーの考え方の違いを反映していることがわかるようになりました。

次に師匠から言われたのは、静岡のとあるビルの最上階のオーセンティックバーでの武者修行です。2週間で一人前のバーテンダーになってくるように、言い渡されました。まだ、カクテルが十分に作れない時点のことだったので、これは本当に大変でした。お客様から「これは飲めないよ」と、作ったカクテルを突き返されたこともあったそうです。

このような厳しい実践をとおして、黒田さんはバーテンダーとして成長していきました。バーテンダーのお客様との向き合い方は、お客様への目線の送り方、視線の作り方を考慮するとともに、ステアして氷と材料をかき混ぜる、シェイクでしっかり振るなどの技術を駆使しなければなりません。これは目で見て、実践して覚えるしかありません。

経験を重ねて、黒田さんはお客様との向き合い方を会得しました。お客様を観察し、今、お客様が何を求めているか察し、それに合わせた対応ができるようになっていったのです。こうした塾講師やバーテンダーの経験、そして2人のメンターとの交流を通して、黒田さんが人々の交流する場に関心を深めていったことは、ある意味、とても自然なことではなかったでしょうか。

大学卒業後、黒田さんは静岡県内の金融機関に就職しました。引き続き、家庭の事情で安定的にお金を稼ぐ必要があったからです。ただ、会社だけの人生で満足していなかった黒田さんは、一反の畑を借りて週末は農業による起業を目指すなど、試行錯誤を繰り返していました。もちろん簡単に成功するわけではありません。週末農業起業で先が見えないと思っていた時期に、学生時代の友人の中で、起業志向がある者が集まり話し合ううちに、コミュニティを立ち上げることになりました。

黒田さんが20代前半の時に東日本大震災が発生しました。震災後、社会の意識変化もあり、静岡でもソーシャルな志を持つコミュニティがいくつか立ち上がりつつありました。黒田さんのコミュニティもそれらと連携しながら、独自の特徴を持っていました。その特徴とは、「プロジェクト乱立型組織」というものです。簡単に言えば、「自分のやりたいことをやろう」というものです。ただ、自分のやりたいことというのは、個人だけでは、なかなかできないものです。そこで、このコミュニティでは、誰かが「これやりたい、やりたい人この指とまれ」というと、そのプロジェクトに自発的に参加者が集まるという仕組みが作られました。たとえば、ビール好きな人がクラフトビアの店を作りたいと発案し、料理人がそのプロジェクトに参加し、実現することができたそうです。

また、黒田さんは、静岡の同じような志を持った若者が気兼ねなく集まれる場所を作りたいと思いました。そこで、静岡駅周辺の葵区のビルの一室にある、カラオケスナックを1日だけ借りて、Bar「Will」を作ります。「Will」は盛況でしたが、しばらく後に閉めることになってしまいました。そこで、今度は同じ葵区の他のビルの部屋を借り、金曜日と土曜日だけのワインバーを始めたのです。

その後、黒田さんはこうした活動で知り合った人の伝手で不動産会社に転職し、まちづくりなど、

ヒトトナリ酒場の様子

より一層多彩な活動を繰り広げていきます。今は、ヒトトナリ酒場という場づくりにも取り組んでいます。これは、静岡の面白いゲストを呼んでしゃべってもらい、その後飲む、というイベントです[4]。ヒトトナリ酒場も、まさに地域のサードプレイスと呼ぶに相応しい、楽しく、多様な人々が集まる場と言えるでしょう。

サードプレイスとしての場づくりのポイント

草薙マルシェや静岡カンヌウィークなどのまちづくり活動にせよ、Bar「Will」や金曜日と土曜日だけのワインバーにせよ、ヒトトナリ酒場にせよ、目的があり、出入り自由で人々が楽しく交流できる場ですから、黒田さんの活動は、まさに地域のサードプレイス作りだったと言ってもよいでしょう。また、「プロジェクト乱立型組織」として「自分のやりたいことをやろう」という目的を掲げるコミュニティとは、第1章で述べた個人の「小さな物語」を起点として地域に貢献していく場ではないでしょうか。

さて、このような場を作るポイントですが、黒田さんは、その原点はバーテンダーにあるとしています。バーテンダーの基本は、お客様がほしいもの、渡されてうれしいものを理解して、それに沿って行動するところにあります。お客様がほしいものの見極めは暗黙知ではありますが、実はパターン化されている部分もあるそうです。お客様は、「お酒を飲みに来ているが、お酒だけのために来ているわけではない」そうです。たとえば、ある日のお客様は、自分を叱ってほしくて来ている場合もあるそうです。黒田さんは、それを見極め、褒める場合もあれば、ここまで押すが後は引く場合もあれば、たくさん飲んでもらう場合もあれば、あまりお酒を出さない場合もあるそうです。

場づくりについても、集まる人々の目的はさまざまです。あくまで、自発的な集まりですから、集まった人々が自由に振る舞えばいいことではあります。しかし、場の仕掛けとしては、なるべく集まる人たちがほしいもの、渡されてうれしいものを理解して、それに沿った仕掛けが多いと、より楽しい場になっていくのかもしれません。

静岡県中部の多彩なサードプレイス

黒田さんの例を紹介してきましたが、静岡県は中部だけでも多彩なサードプレイスが存在します。たとえば、黒田さんを紹介してくれた柴田弘美さんは、藤枝市に「サードプレイスＤラボ」という、育児や家事、仕事など忙しい女性のための第3の「自分らしい」場所を開設しています。

柴田さんは、結婚後、17年間専業主婦生活を送ってきました。ただ、娘さんのレオタードを探しているうちに、海外のレオタードを個人輸入するようになり、ついに自分でレオタードのＥＣ（電子商取引）サイトを作成し、起業するようになったそうです。こうしたキャリアもあり、柴田さんは、長年にわたり女性起業支援を行ってきました。藤枝市でもウーマン起業カレッジの講師などを務めてきた関係もあり、「サードプレイスＤラボ」の開設に至りました。「サードプレイスＤラボ」は藤枝駅からほど近い場所にあり、多様な講座やセミナーが開催され、コワーキングスペース、レンタルスペースを備え、地域の女性が気軽に集まり、仕事や育児の悩みなどを共有できる場になっています。

また、静岡県立大学では、国保祥子先生のゼミ生が中心となり、ＫＯＫＵＬＡＢＯフューチャーセンターが開設されています[5]。フューチャーセンターとは、多様な人々が未来志向で語り合う、対話

Ｄラボのフロア風景（上）とＤラボに集う人々（下）

の空間です。ＫＯＫＵＬＡＢＯフューチャーセンターは、学生が主体となって運営し、地域の課題について対話しています。学生だけでなく、社会人も参加します。大学内にありますが、まさに地域のサードプレイスです。

２０１８年には筆者の研究室が夏合宿として、ＫＯＫＵＬＡＢＯフューチャーセンターを訪問し、共同でフューチャーセンターを行いました。事前の準備、当日の運営まで、すべて静岡県立大学の学生が行ってくれました。筆者の研究室の社会人ゼミ生は、その準備と運営の素晴らしさに感激し、気持ちよく対話ができたと喜んでいました。もちろん私自身もフューチャーセンターに参加したのですが、このような場では、大学生と社会人の区別は全くないと改めて実感しました。同じ人間同士で、素直にそれぞれの考えを語り合っているだけなのです。松戸市の「ユースペース」と同じく、多世代が参加する地域のサードプレイスは、年齢は関係なく、各人がひとりの人間として楽しめる場なのです。

また２０１７年10月25日には、静岡市役所で、職員の方々を対象に、筆者がパラレルキャリアの研修会を実施させていただきました。その際知り合った市役所職員から、天野浩史さんを紹介いただきました。天野さんは、先ほど紹介したＫＯＫＵＬＡＢＯフューチャーセンターをはじめとして、静岡に存在するフューチャーセンターを支援する、ＮＰＯ法人静岡フューチャーセンター・サポートネッ

KOKULABOフューチャーセンターのフロア風景(上)とフューチャーセンターでの対話

静岡パラレルキャリアナイト

トＥＳＵＮＥ（以下、ＥＳＵＮＥ）の代表を務めています。ＥＳＵＮＥでは、静岡パラレルキャリアナイトを企画、静岡でパラレルキャリアを実践したい人々が集まれる場づくりをしており、そのキックオフは２０１８年の10月に行われました。これも、まさに地域のサードプレイスそのものでしょう。

　それだけではなく、さっそく静岡パラレルキャリアナイトは、実践へも発展しています。ＥＳＵＮＥが主体となり、実際にパラレルキャリアによって自分の持ち味、専門性を活かす場として、地域プロジェクト参加プログラム「コトコト」が開始されたのです。「コトコト」の第１弾としては、２０１９年に開園50周年を迎える静岡市立日本平動物園が対象となりました。日本平動物園で「高齢者」や「定年前の夫婦」を想定し、「健康」を切り口にした新しい価値を体験できる

コトコトメンバー（コトシェフ）の企画会議

企画開発ができないか、という挑戦です。つまり、「動物園は家族連れが来ることが一般的になっているが、たとえば高齢者にも関わってもらえる動物園にできないか」という切り口で、企画を検討してみようということなのです。

今回のプロジェクトでは、民間企業で理学療法士として働く人、地域団体で活動する人、大学で共生社会を学ぶ人、ケアマネージャーとして働く人など、持ち味が違うメンバーでチームを結成しました。その結果、２０１９年3月9日に企画「ズーリハビリ」が開催されました。「ズーリハビリ」とは、「介護予防×動物園」という、今まで誰も思いつかなかった斬新な企画です。

「ズーリハビリ」では、動物園の室内や屋外で、身体機能を強化するプログラムが行われました。高齢者からは、「動物に触れ合うことが楽しい」という声が

動物園内での身体機能強化プログラム

多く聞かれたそうです。たった3カ月弱のプロジェクトでしたが、メンバー（コトコトのメンバーはコトシェフと呼ばれています）は「短期集中だからこそ、形にできた」「理学療法士が今後の新しい働き方を考える機会にもなった」「業界の垣根を越えて取り組めたことに、とても意味があった」などのさまざまな気づきを得ていました。

地域のサードプレイスだからこそ、多様な人が知り合えて気づきがある、目的があるから、地域に貢献できる。そんな新しい取り組みが、野火のように広がりつつあることを感じさせてくれるプロジェクトです。

このように、静岡県中部地域だけでも、紹介しきれないほどの多くの地域のサードプレイスがあります。今後、ますます日本全国で、草の根の動きとして、地域のサードプレイスが増加していくのではないでしょうか。

注釈・文献

1　Ｊワールドホームページ　http://kosodate-hiroba.com/　（２０１９年４月１日アクセス）

2　松戸市ホームページ　https://www.city.matsudo.chiba.jp/kenko_fukushi/seikatsushien/seikatsukonkyuusha/gakushuushien.html　（２０１９年４月１日アクセス）

3　牧野克彦オフィシャルブログ　イキナリ「二足のわらじ　パラレルキャリア」　http://www.at-s.com/blogs/mackey/2017/05/post_419.html　（２０１９年４月１日アクセス）

4　ヒトトナリ酒場ホームページ　http://shizuoka-orchestra.com/cat-so/hitotonari/　（２０１９年４月１日アクセス）

5　ＫＯＫＵＬＡＢＯフューチャーセンターホームページ　https://kokulabo.com/futurecenter/　（２０１９年４月１日アクセス）

第3章　リトルムナカタで、誰でもつながる故郷（ふるさと）（北川 佳寿美）

この章では、遠く離れていながらも、故郷とのつながりを作ることができることを述べていきます。私たちは、大学進学や就職で故郷を離れてしまうと、折に触れて故郷に思いを馳せることはあっても、帰省すること以外に故郷とつながることが、なかなかないのではないでしょうか。ここでは、故郷（福岡県宗像市）を応援するコミュニティであるリトルムナカタと、そのリトルムナカタに集う3人の事例を紹介します。リトルムナカタは、東京で頑張っている宗像出身者はもちろん、宗像に縁がある方、興味がある方など、東京にいながらにして宗像を盛り上げたい、アクションを起こしたいという人々がつながる場です。東京に住む故郷の仲間が集まり、故郷を応援する機会を持って地域とつながっていく。故郷を離れていても、いや、むしろ離れているからこその地域とのつながり方がリトルムナカタにはあるのです。

離れてみて分かる故郷の良さ

筆者が故郷である福岡県宗像市から上京をしたのは、社会人生活8年目でした。宗像市は福岡市と北九州市の両政令指定都市の中間に位置しており、古代から中国や朝鮮との貿易によって繁栄したことで知られています。市の3方向は山に囲まれ、北部は玄界灘と、山と海に囲まれた穏やかな地域です。その地理的条件の良さから、1960年代以降は積極的に住宅団地の開発が進められて、急激に人口が増加したベッドタウンでもあります。

団塊ジュニア世代の筆者が小学校時代から過ごしてきた日の里地区は、丘陵を平坦化し住宅地として造成した地区です。小学生のころには、地区に1つしかなかった小学校の生徒数が増えて、新しい小学校ができるほどの大変にぎやかな地区でした。近年も宗像市全体としては人口を維持し続けていますが、日の里地区は若年層の都市部への流出や住宅団地の老朽化進行など、地域再生が課題の1つになっています。

学生時代から共に過ごした友人たちとの思い出が詰まった宗像でしたが、上京することが決まったとき、寂しさよりも都会での新しい生活に心躍らせていました。転職も経験し、そろそろ新しいことを始めたいという気持ちが湧いていた時期で、テレビで見るような都会の生活に憧れる気持ちも大きかったように思います。東京での生活は楽しいものでしたが、友人のほとんどは福岡在住です。社会人になってからの上京で、仕事での「知り合い」は増えていくものの、心許せる友人と呼べる人が急激に増えるわけではありません。長期休暇にはできる限り宗像に帰省し、実家や宗像の友人との時間を心の支えにして、東京で生活するという毎日でした。

故郷の友人と過ごす時間でエネルギーをチャージし、東京で生活するというサイクルを繰り返す中で、東京出身の会社の同僚から「帰省できる故郷があることが羨ましい」と言われることが度々ありました。この言葉は、筆者がそれまで意識していなかった「帰れる故郷」として、宗像を意識した始まりでした。多くの同級生と同様、県内の大学を選び、その後も県内で就職して社会人になったので「帰れる故郷」として宗像を意識することはありませんでした。宗像は単なる出身地という存在でしたし、上京後は都会の便利さや華やかさばかりに目が向いていて、東京で生まれ育った友人のことを羨ましく思っていたほどでした。しかし、上京して「帰れる故郷」としての宗像に目を向けてみると、意外にも多くの良さがあることに気づきました。都会のように華やかさはないけれど、海と山に囲まれて自然が豊か。電車で1時間もかからず、福岡の中心地である博多や天神に出掛けることもできる。食べ物もおいしいし、住みやすい。心許せる友人も多いし、やっぱり「帰れる故郷」があるっていいこ

世界遺産「神宿る島」宗像・沖ノ島と関連遺産群全景

とかもしれない。先に上京した宗像出身の同級生に聞いていた「離れてみて分かる故郷の良さ」とはこういうことかもしれないと気づきました。

とはいえ、帰省以外に宗像に関わることは特にありませんでした。なぜなら、地域に関わるためには、その地域にいなければできないと思っていたからです。東京では、上京していた宗像出身者の同級生と時々集まり、懐かしい話で盛り上がって、「離れてみて分かる故郷の良さ」に思いを馳せることぐらいしかできません。皆さんも故郷から離れてしまうと、帰省以外に故郷と具体的に関わる方法が分からない方が多いのではないでしょうか。こんなことを思っていたころ、故郷の島の一つである沖ノ島が世界遺産に登録されたことを知ったのです。

宗像大社沖津宮《むなかたたいしゃおきつみや》(沖ノ島《おきのしま》)

世界遺産「神宿る島」宗像・沖ノ島と関連遺産群

宗像市は、北部の玄界灘に大島（おおしま）、地島（じのしま）、沖ノ島（おきのしま）、勝島（かつしま）を有しています。沖ノ島は、九州と朝鮮半島を結ぶ玄界灘のほぼ中央に位置しており、島には、４世紀後半から９世紀末まで続いた航海安全に関わる古代祭祀遺跡が残されており、出土した約８万点の奉献品は国宝に指定されています。また、島そのものがご神体として信仰の対象となっており、現在も一般の立ち入りが禁止されているため、遺跡は千年以上ほぼ手つかずの状態で守り伝えられてきました。この伝統が、古代東アジアにおける活発な対外交流が進んだ時期に発展し、今日まで継承されてきたことを物語る稀有な物証として、２０１７年７月、沖ノ島と関連遺産群が世界文化遺産に登録されました。

沖ノ島が世界文化遺産に登録されたというニュースは、首都圏在住の宗像出身者の多くを沸かせました。沖ノ島と一緒に世界文化遺産登録された場所の一つである宗像大社の辺津宮（へつみや）は、宗像市の小中学生の多くが、遠足で訪れる場所です。日ごろから慣れ親しんだ場所が世界的に認められる場所になるとは、すごいことです。故郷から遠く離れていた首都圏在住の宗像出身者は、ニュースが流れるたびに誇らしい気持ちでいっぱいだったのではないでしょうか。

リトルムナカタの誕生　―渋谷が宗像に―

筆者は「誇らしい気持ちを東京に住む地元の友人と分かち合いたい」という思いを抱いていたものの、何か行動を起こすことはありませんでした。しかし、実は、このころ「東京で宗像出身者が集まって地元を盛り上げるイベントをやりたいですね」と、リトルムナカタ立ち上げメンバーの2人が出会っていました。共に、宗像出身者の久間敬介さんと谷口竜平さんです。久間さんは、東京在住の会社員で、筆者とは小学校時代から30数年来の友人です。一方、谷口さんは宗像在住のデザイナーで、２０１７年に共通の知人を通じて久間さんと知り合いました。２人は、このとき、大々的な集まりをやろうと思っていたわけではありませんでした。「お互いの友人や知り合いが東京で集まれたら、楽しそう」という軽い気持ちでイベントを企画し始めたのです。世界遺産登録で、地元宗像が全国に知られたので、海外で各国の移民が集まるエリアを「リトル○○」と呼ぶことにちなんで、この集まりを「リトルムナカタ」と命名しました。そして、久間さんと谷口さんは、互いの友人を中心に声をかけ始めました。

久間さんは、以前から首都圏在住の福岡出身者の集まりである「リトルフクオカ」にも参加していました。そこで、「リトルフクオカ」の会場として使われていた、渋谷のグリーンラウンジオーナーである下地永一さんに声をかけます。偶然にも、下地さんも宗像出身者だったのです。一方、宗像で仕事をしている谷口さんは、宗像市役所の職員と交流があったので、「リトルムナカタ」のことを市に相談してみました。すると、宗像市から東京へ出向している市職員を紹介してもらうことができたのです。世界遺産登録されたタイミングで地元宗像を応援するという相談だったことから、行政とのつながりもスムーズにいき、リトルムナカタを盛り上げる支援をいただくきっかけを作ることができました。当日の食事を準備する予定だった会場オーナーの下地さんを中心に、宗像観光協会から地元の食材を手配して、宗像にゆかりのある食事を提供することが決まっていきました。こうして、久間さんと谷口さんの縁は、宗像を応援する多くの人につながっていきました。

第１回「リトルムナカタ」の集合写真

２０１７年11月にはＳＮＳ上に「リトルムナカタ」のグループを開設して、イベント参加を呼びかけます。そして、２０１８年２月22日、グリーンラウンジを会場に、第１回「リトルムナカタ」が実現し、首都圏在住の宗像出身者が初めて渋谷に集まることになったのです。

第１回「リトルムナカタ」には、何と87名が参加することになりました。久間さんと谷口さんのネットワークからつながり、そのつながった人が、さらにそれぞれのネットワークにつなげていったことで、「リトルムナカタ」は大イベントになったのです。87名の中には、宗像市の副市長、観光協会会長はじめ、世界遺産に登録された宗像大社の宮司や東京福岡会会長まで集まり、さながら年代を超えた同窓会のような盛り上がりを見せました。会場では世界遺産に登録された沖ノ島の映像が流れ、宗像観光協会から提供してもらった懐かしい食材に舌鼓を打ち、思い思いに故郷

懐かしい話に花が咲く参加者

の宗像を語り合いました。

ゆるいきっかけで始めた久間さんと谷口さん、そして会場を提供した下地さんを中心とした幹事チームの予想をはるかに上回る参加者が集ったわけです。誰もが、故郷を離れているからこそ、宗像を応援したいと思っていたのでしょう。何を隠そう、筆者も参加者のひとりでした。沖の島が世界文化遺産に登録されたことで誇らしい気持ちになっても、特に行動を起こすわけではなかった筆者にとって、久間さんから聞いた「リトルムナカタ」のイベントは、心が高鳴る発想でした。こんな方法で、東京でも故郷を応援し、つながることができるのか。その斬新な発想に驚いた筆者は、話を聞くと同時に、すぐにイベントへ申し込んだのです。

このイベントで故郷の友人と再会した人、思いもよらなかった故郷の知り合いとつながった人も少なくありません。筆者は、このイベントで中学卒業から十数年ぶりに同級生と再会し、その後、地域での活動を一緒にする機会を得ました。また、下地さんは、ご自身のお店でリトルムナカタを開催して、来場者との会話で「お前の兄ちゃんしっとーばい（知ってるよ）」とか「小学生のころ、あそこのゲートボール場で遊びよったろーが（遊んでいたでしょう）」とか、地元宗像の話を、都心のど真ん中でできたのが一番面白かったそうです。下地さんは、その後、宗像に帰省したときに、SNS上で懐かしい写真を投稿してくれたり、宗像を舞台にしたドラマを紹介してくれたりと、地元と東京在住者をSNS上でつなげてくれています。

2018年秋には第2回リトルムナカタの会も開催されました。日ごろはSNSを中心に、リトルムナカタに参加している人同士が、宗像に関連した情報や地域での活動を紹介して、ゆるくつながっています。SNSを活用することで、これまで知ることのなかった地域の活動に関心を持つ機会が増えますし、SNS上で応援することで、間接的に地域の活動に関わりを持つことができています。

リトルムナカタは、故郷から遠く離れた首都圏に在住していても、故郷を思う人同士がつながることで地域との関わりを作った事例です。リトルムナカタの存在は、首都圏在住の地元出身者と地元プレイヤーが緩やかにつながるきっかけになったにすぎません。しかし、折に触れて故郷を思い出すことで、ゆるく地域との関わりを持ち続けることができるのです。

ギラヴァンツ北九州のホームスタジアムと久間さん

リトルムナカタ発起人たちの地域とのつながり方

ゆるく地域との関わりを持つことができるリトルムナカタには、普段からまちづくりや地域活性を仕事にしている人は少なく、ほとんどの人は全く別の仕事をしています。本業の仕事を持ちつつ、偶然や小さなきっかけで故郷である宗像とつながり、次第に、パラレルキャリアとしてまちづくりや地域活性に関わるようになっています。どのようにゆるくつながっていったのでしょうか。

久間敬介さん

政府系金融機関に勤務する久間さんは、大学卒業後、就職のために宗像を離れて上京しました。２０１０年6月、異動

長崎県壱岐に滞在する久間さん

で九州支店に転勤となり、企画調査課長として地方創生に関連する多くの仕事に携わったことがきっかけで、まちづくりや地域活性化に関心を持ち始めたといいます。九州支店での約3年間、仕事として九州各地の行政や企業、個人の方々とつながっていき、まちづくりや地域活性化のための活動を支援していました。

もともと、旅行が好きだった久間さんにとって、仕事を通じて地域に関わる仕事をすることは楽しかったといいます。その後、首都圏の本店に戻ってきましたが、数年後、偶然にも地域企画部に異動になりました。全国規模で地域に関わる仕事をすることになり、改めて、故郷の人との縁も広がり、個人的にもまちづくりや地域活性化に関するアドバイスを求められる機会が増えていきました。フットワークの良い久間さんらしく、有給休暇を使い、九州のプロサッカーチームのホームスタジアム設立、離島支援など、

第1回リトルムナカタで受付をする中村さん（写真左）

地域と関わることがライフワークの1つになっていきました。久間さんのライフワークである地域とのつながりが生じたきっかけは、九州支店への転勤でした。転勤をきっかけに、久間さんは、自身の興味や関心があることを続け、ごく自然に地域と関わることが増えていったのです。

中村昌史さん

中村さんは「家族」をテーマに、オリジナル本の制作や商品企画を手がけている会社の代表です。首都圏で開催されたある勉強会で、偶然、同じ宗像出身者の久間さんと出会ったことがきっかけで、リトルムナカタの幹事チームに加わりました。

中学・高校時代、中村さんは近所でも有名になったほどの激しい反抗期を過ごしました。そして、とにかく両親と

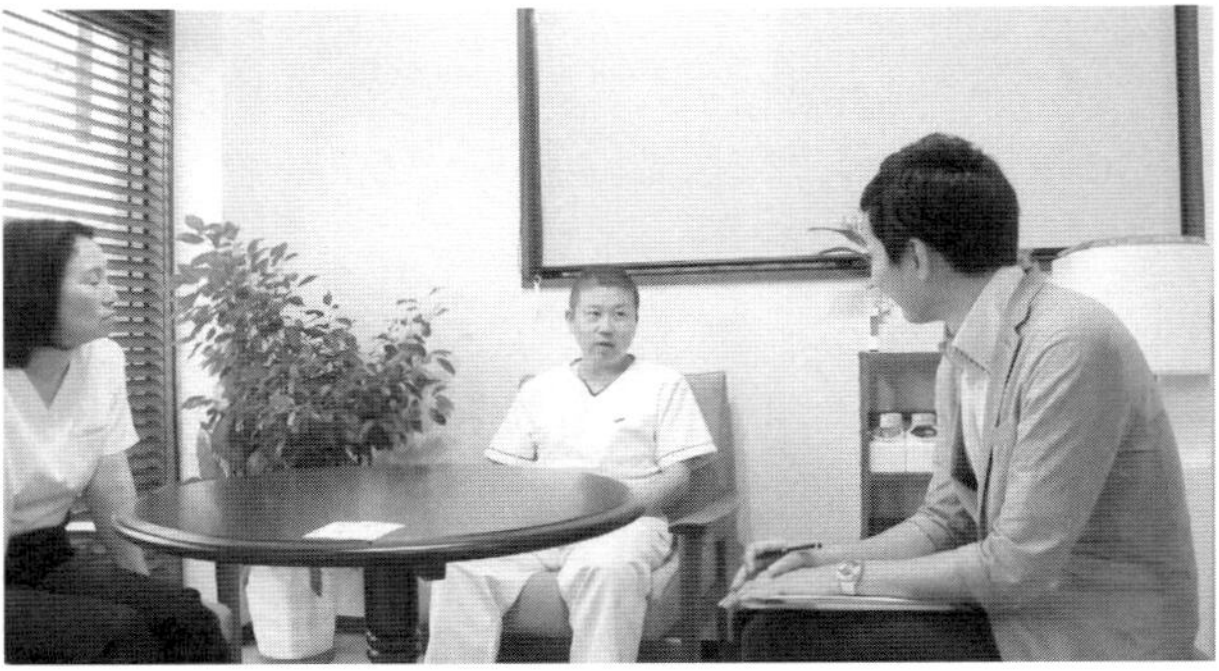

取材中の中村さん(右)

顔を合わせたくない、両親が住む宗像から早く飛び出したいという一心で進学先を東京に決めました。ところが、いざ、故郷を離れて1人で東京で暮らしてみると、当たり前に存在していた家族の大きさやありがたみに初めて気づきます。この経験は、中村さんの人生に大きな影響をもたらしました。

中学時代から独立志向が高かった中村さんは、大学以外にも経営に関する勉強会に積極的に参加して、独立できる方法を模索していました。同級生の多くが企業への就職を決めていく中、中村さんは生涯をかけてやり遂げられるビジネスで、起業をしようと決心します。そんな中村さんの原点は、離れてみて分かった故郷の家族のありがたみ。「家族」をテーマに起業することで、中村さんが大切にしたい価値観である「社会的に意義のあることを仕事にする」ことにもつながりました。

故郷から早く飛び出したいという一心で上京した中村さんですが、仕事を通じて、自分の原点である故郷でも何かをしたいと思うようになります。故郷では、家族だけでなく多くの友人にも恵まれ、徐々に故郷での仕事も増えていきました。現在、中村さんの会社が提供するサービスの1つである家族の話を本にするサービスは、宗像市のふるさと納税の返礼品になっています。中村さんが地域に関わるようになったのは「家族」をテーマに社会的意義のある仕事をやり続けたいという価値観です。離れてみて分かった家族のありがたみが、結果的に地域に貢献したいという思いへとつながり、地域とつながることができたのです。

中村さんが手がけた「家族の本」

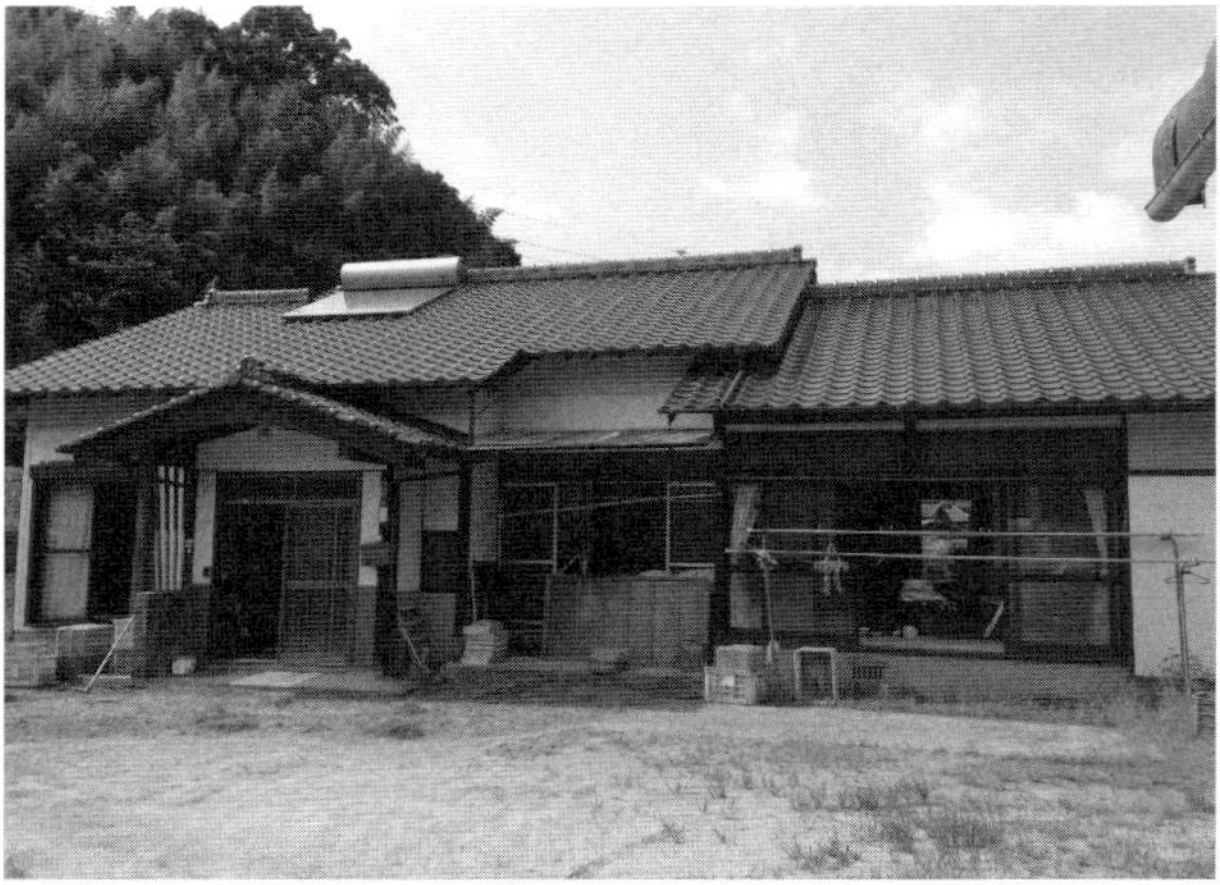

むなかたシェアハウス

谷口竜平さん

リトルムナカタの中心的な存在である谷口さんは、先に紹介した久間さんや中村さんとは異なり、今も宗像在住です。ただ、谷口さんも中村さん同様、もともとは宗像が嫌いだったといいます。宗像の中でも農家が多い地域で育った谷口さんにとって、宗像は「田舎」。小学校時代、新興住宅地に住む同級生の家で出たおしゃれなおやつに衝撃を受け、自分の家がある田舎には何もない、夢も希望もないと思っていました。一緒に暮らしていた農家を営む祖父母からも、「田舎はこんなもんだよ」と言われて育ちました。そのため谷口さんは、大好きなテレビの中のかっこいい仕事や都会生活に憧れを抱いていきました。

むなかたシェアハウスの座敷(左上)とキッチン

大学卒業後、福岡のデザイン会社に就職した谷口さんは、晴れて宗像を離れ、福岡市で一人暮らしを始めます。「クリエイティブでかっこいい仕事に就けた」と思っていたデザイン会社でしたが、現実はそうではありませんでした。取引先のためにデザインした商品カタログが何万部と刷られ、不要になったら無残にも処分される現実。時に徹夜して作ったデザインがまるでゴミのように捨てられ、ただ消費されていくことに悲しみを感じた谷口さんは、もっと人に寄り添うデザインを作りたいと考えるようになっていきました。

もともと大学で建築を専攻していた谷口さんは、建築や空間、都市のデザインを手がける会社へ転職します。その会社では、有名な観光地のリニューアルブランディングや空間デザインに携わり、デザイナーとして多くの経験を重ねました。しかし、同時に、デザイ

近隣の農家・住民と交流する谷口さん

ンの世界には自分よりもっとできる人がいることを知り、デザイナーとしての限界も感じ始めます。

　自分にしかできない仕事は何かと模索していた谷口さんは、地域における生涯学習のコミュニティである「福岡テンジン大学」の運営に携わることになりました。活動をしていく中で、地域で活動しているコミュニティでは、活動を伝えていく手段に乏しいことが問題点と認識できました。そこで、デザインの力を使って活動を伝えていくことができるのではないかと考えました。地域に根づいたコミュニティで活動したこの経験は、自分にしかできない仕事を模索していた谷口さんに、「コミュニティデザイン」という新しい立ち位置を与えてくれました。

　現在は、福岡市から故郷の宗像に居を移して、祖父母から受け継いだ家と7200坪の里山を活用した「むなかたシェアハウス」や、自然の中のクリエイティブスペース「むなかたシェアラボ」を運営しています。谷口さん自身がデザインしたコミュニティを通じて、地域と人をデザインの力でつなぐことが仕事になっているのです。

谷口さんの地域とのつながりは、デザイナーとしての限界を感じていたキャリアの転機に「福岡テンジン大学」に越境したことがきっかけでした。本業を生かして地域とつながる中で、デザイナーとしての新しい立ち位置を見つけることができたのです。この谷口さんの例は、地域と自分の仕事の接点を見つけて、オリジナリティあふれるキャリア構築ができるという可能性を示しています。

誰もが地域とつながるチャンスを持っている

離れてみて初めて故郷の良さを知り、離れているからこそ、故郷を応援したいという純粋な気持ちが集まった一つのコミュニティがリトルムナカタです。もともとは、故郷が嫌いだったのかもしれません。都会に憧れていたのかもしれません。つまり、リトルムナカタに集う3人の地域とのつながり方は、はじめから強い意志を持って故郷とつながりたいと思っていたわけではないのです。たった1本の藁が思いがけない品に交換されていくわらしべ長者の物語のように、偶然や小さなきっかけで、結果的に故郷との関わりが深まっていったわけです。地域と関わってみたいけれど、ハードルが高そうと思っている人にとって、3人の地域とのつながりは、最初の一歩、そう、たった1本の藁から始められるという勇気を与えてくれるのではないでしょうか。

第4章　小さな一歩で暮らしが変わる

離職中の女性にとっての地域のサードプレイス（片岡 亜紀子）

この章では、離職中の女性が、地域のサードプレイスに参加したことで、キャリアを開発し、地域に愛着をもったいくつかの事例を紹介します。第2章でも述べられていた「地域のサードプレイス」は、地域のＮＰＯ、まちづくり活動、こども食堂、コミュニティカフェなど、なんらかの活動目的が存在し、自発的に人々が集まる場である、「目的交流型のサードプレイス」です。

「地域のサードプレイス」は、離職中の女性の自信を高める場として、大きな可能性を秘めていると筆者は考えています。では、離職中の女性は、地域のサードプレイスでどのようなことを経験し自信を高めているのでしょうか。また、離職した女性が自信を高めることができる地域のサードプレイスとは、どのような場なのでしょうか。

この章では、第1部で個人側の視点として、離職中に自信を高めたひとりの女性の事例を紹介します。第2部で個人をとりまく地域のサードプレイスの視点として、離職中の女性が自信を高める地域のサードプレイスの2つの事例を紹介します。

第1部　地域のサードプレイスを経験した女性の事例

育児と仕事、自分のキャリアを模索する中で

女性は、働いていた時とのギャップから離職すると自信をなくしてしまう人が多いと言われています。仕事を辞めた後「こんなはずではなかった…」と思ったり、付き合う人の人数が減ったり、収入が途絶えたり、時間の使い方が変わることによって、社会から取り残されているような孤独感、焦燥感などを覚える女性も少なくありません。

最初の事例で紹介する、千葉県市川市在住の岩間麻帆さんも同じような経験をしていました。その彼女が今、育児や介護をしながら、自らのアイデアをもとに起業し、地域にかかわりながら自分のペースで働いています。筆者は、彼女がそのような生活に至ったのは、地域のサードプレイスの存在が大きかったのではないかと考えています。第1部では、岩間さんが地域のサードプレイスでどのような意識を持ち行動してきたのかについて、考えてみたいと思います。

岩間さんは、長年ＩＴ系講師として働いていましたが、育児と仕事の両立を考え会社を辞めました。筆者は、会社の同僚として岩間さんに出会い、岩間さんが会社を辞めた現在も、定期的にお茶をしながら、おしゃべりを楽しむような間柄です。

彼女のキャリアに興味を持ったのは、筆者が、修士論文のために実施した離職経験のある女性に対するインタビューでした。今から6年ほど前、当時、岩間さんは小さなお子さんをふたり抱え、家事と育児に奮闘していました。ただその時は、少しふさぎ込んでいるように見え、珍しいな、と思ったことを覚えています。今思えば、育児をしながらキャリアを模索していた時だったのかもしれません。「何かをしたいけど、何をすれば良いのだろう…」と考える、そんな時だったような気がします。

しばらくして、岩間さんが、ＩＴ系講師として市川市の任意団体で活動を始めた、と聞きました。「月1回くらいだから、今の状態でもできるし」ということ。対象者の多くはシニア世代の方たち。そういえば、インタビューをした時、「ゆくゆくはお年寄りを対象として仕事をしたい」と言っていたことを思い出しました。

月1回のつもりが任意団体の代表に

その活動を始めてほどなく岩間さんは任意団体の代表になりました。当時所属していた団体の代表が辞めることになり、何事もコツコツとまじめに取り組む岩間さんに白羽の矢が立ったのです。考慮した結果、その団体はいったん閉じ、新たな団体を立ち上げることになりました。任意団体を運営するために何が必要なのか、夫婦で議論したり、インターネットや本で学んだり、一緒に活動するメンバーの方々と連携しながら、ひとつひとつ着実に活動を進めていきました。

任意団体主催のパソコン講座での岩間麻帆さん

筆者も一度、その団体が、市川市と共同で実施しているパソコン講座のお手伝いに行ったことがありました。市の担当の方とのやりとり、会場の予約、テキスト作成から講師、メンバーの方たちをまとめるまで、岩間さんが一人何役もの役割を柔らかな雰囲気を保ちつつテキパキとこなしている姿に筆者は脱帽しました。

起業を思いつく〜市川市の女性起業塾へ参加することに

任意団体での講座は、多くの人に集まっていただき、講師が前に立ってパソコン操作を教えるものです。パソコンに対するニーズもスキルもバラバラなことが多く、個別に対応できないことに、岩間さんは、講師としてジレンマを感じていました。多くの人に一斉に講座をする良さがあるものの、同時にひとりひとりに対応したい、という気持ちになっていきました。

しかし、実際に起業をするといっても何から始めたら良いか分かりません。岩間さんはいろいろな情報をインターネットや本で探索し、市川市に女性向けの起業支援講座があることを知りました。最初は、誰もが気軽に参加できる無料支援セミナーに、「とりあえず話を聞いてみる」という気持ちで参加してみました。

岩間さんがかかわった2015年当時は、「女性のための起業支援セミナー」「女性起業塾」「レディースビジネスコンテスト」などの起業支援講座がありました。最初に参加した「女性のための起業支援セミナー」は、誰もが無料で参加できるものとして、市川市が多くの人に間口を広げていました。「女性のための起業支援セミナー」に参加して起業に興味をもった岩間さんは、次に「女性起業塾」に通

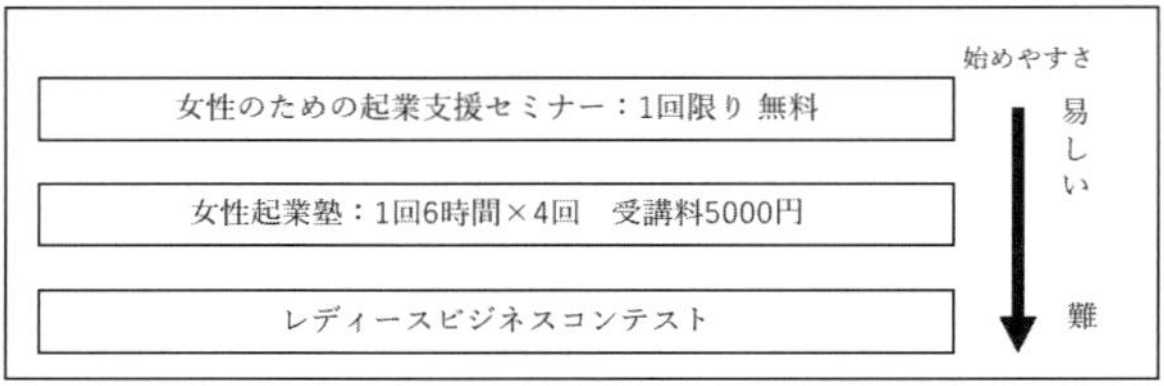

図4-1 市川市の女性起業支援

うことにしました。

「起業したいけど、何をしたら良いのか分からない」という人にとっては、いきなり「レディースビジネスコンテスト」に参加するのは難しいかもしれません。しかし、まずは誰もが参加できる「女性起業支援セミナー」、興味があれば「女性起業塾」、次に「レディースビジネスコンテスト」というルートなら、無理なく進めることができるでしょう。「女性のための起業支援セミナー」「女性起業塾」「レディースビジネスコンテスト」は、どこから受講しても良いのですが、起業を迷っている人、何かしたいけど何をしたら良いのか分からない、という女性にとっては、段階的に参加すると、心理的なハードルを超えていくというメリットがありそうです。

レディースビジネスコンテストに挑戦

当時、市川市の女性起業塾は、受講料5千円、6時間のコースが4回に設定されていました。岩間さんは、「起業について知っておきたいこと」「お客様をファンにするには」「起業資金」「プランのブラッシュアップ」について学びながら、専門家のアドバイスを得ることができました。この女性起業塾で、起業にまつわる様々な現実を知り、自分の起業プランを人に話し、アドバイスをもらうことで、岩間さんの中で「起業できないかな」とおぼろげながら考えていたことが、「できるかもしれない」という確信に変わっていきました。

次なる挑戦は、「レディースビジネスコンテスト」です。岩間さんは女性起業塾で起業に対する思いを強め、自信を高めた結果、コンテストに挑戦することにしました。しかし、コンテストで事業計画をプレゼンテーションするには、審査を通過し、5名のファイナリストに残らなくてはなりません。事業計画をブラッシュアップしつつ、夫婦でも話し合いながら準備を進めました。その結果、努力が実り、ついに岩間さんはファイナリストとして、プレゼンテーションをする権利

レディースビジネスコンテスト 岩間さんプレゼンテーションの様子

を得ることができました。

コンテストの様子は筆者も見学に行きました。岩間さんは、ＩＴ系講師の経験を存分に生かし、分かりやすいプレゼンテーション資料を使い、落ち着いた口調で起業プランを発表していました。その結果、会場の参加者によるクラウドファンディングの人気投票の結果は2位となり、多くの人からの支持を得られました。

岩間さんは、市川市の女性起業支援にかかわったことで、思いもよらない気づきを得ました。

・人に話し、事業計画書に書くことで自分の人脈の基盤がしっかりしていることに気づいた（市の担当者、ＮＴＴドコモ販売員、サークルメンバー）
・自分の環境を俯瞰してみたら、恵まれていると気づいた
・ある程度、起業を実行するための資源（自分のスキル、人脈、時間など）があるから、今ならできると思った
・自分のやりたいことを言葉で伝えられるから、ある程度起業プランはできているんだと思った
・ＮＰＯ活動での受講者の言葉が後押しになった
・起業塾やコンテストのメンバーの頑張りに刺激を受けた

・やりながら、ひらめくと思っている
・自分の信念の言葉は、「小さなことからコツコツと丁寧に」だった

岩間さんはこれらの経験を通して、自信を高めました。たとえば、自信を意味する「自己効力感」という概念には、それに影響する4つの要因（①達成感、②代理体験、③言語的説得、④情緒的喚起）があると言われています。岩間さんの気づきからは、このうちの①から③までを経験していることが分かります。①の達成感は自ら行動し達成を感じること、②の代理体験は、自分と似たような境遇の人が頑張っている姿を見て、自分にもできそうだ、と思うこと。③の言語的説得とは、「あなたならできるわよ」など周囲の人から励まされること、といわれています。最初は、漠然としていた起業プランを形にするために始めたことでしたが、実際に行動したからこそ思いもかけない気づきを得て、具体的な一歩を踏み出すことができたのでしょう。

住んでいる街、市川市とのかかわり

レディースビジネスコンテストのファイナリストとなったことで、市川市やその近隣地区の広報誌

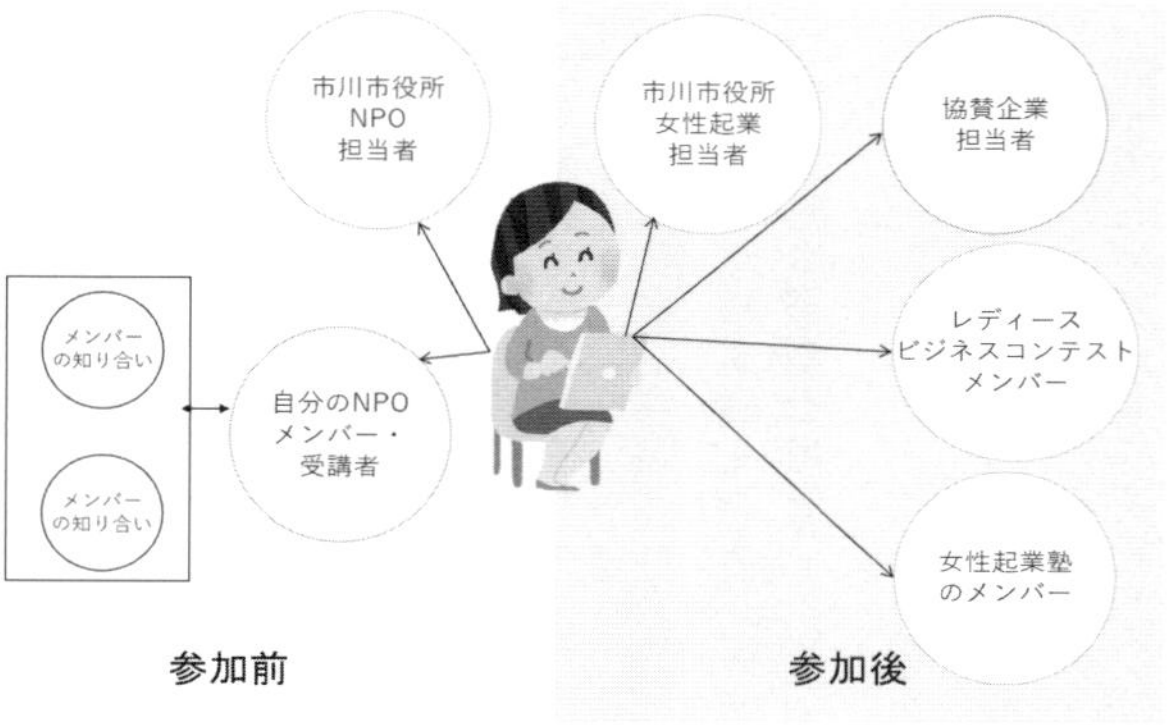

図4-2 地域における人的ネットワークの広がり

に岩間さんの紹介文が載ることになりました。広報誌に載ったことが「実際に起業を始めなくては」と発奮するきっかけになりました。起業した会社の名前は「かもめIT教室」。映画「かもめ食堂」が好きで、あのゆったりとした、丁寧な暮らしに憧れて名付けました。かもめIT教室のモットーは「同じことを100回聞いても大丈夫」。シニアの方を対象に、駅近くのカフェで、パソコンやスマートフォンのマンツーマンレッスンを、受講者の方たちが分かるまで、丁寧に繰り返ししレッスンしているのです。

岩間さんは、これまでも任意団体の代表として、市川市の行政担当者を知っていました。女性起業塾やレディースビジネスコンテストを通して、さらに他の行政担当者や、協賛企業の人とのつながりができ、地域における人とのつながりが広がっていくことを実感していました。これまでは、市川市に住んでいても、地域とのつながりを意識することは少なかったのです。最初は、任意団体の活動も、女性起業塾もレディースビジネスコンテストも、地域に貢献しようと思い、かかわっていたわけではありませんでした。しかし、自分のキャリアを模索している中で、結果として、市川市との関係性ができて、暮らしている地域に興味を持つようになったのです。

思わぬチャンスで本を出版

現在も、岩間さんは、任意団体の代表を続けながら、「かもめＩＴ教室」の代表として、活動を続けています。ホームページ作成を教えてほしいという受講者たちのニーズに応えて、Ｊｉｍｄｏというホームページ作成ソフトを学び、講師向けの資格を取りました。かもめＩＴ教室のサイトには、受講者の方たちがＪｉｍｄｏで作成したホームページが掲載されています。パソコン初心者だったシニアの方も自らホームページを作成し、作品を載せています。

そんな教室のサイトを立ち上げて間もなく、突然メールが来ました。「編集者のものですが、シニアの方に向けたＪｉｍｄｏの本を書きませんか？」。この日から、岩間さんのキャリアにパソコン書籍のライターとしての一面までも加わったのです。

離職中の女性にとっての地域のサードプレイスとは

岩間さんの事例を通して、離職中の女性がちょっとしたきっかけからキャリアを開発し、地域に愛着を持つ過程を見てきました。岩間さんは、市川市の女性起業支援やレディースビジネスコンテストなどの地域のサードプレイスという場でさまざまな経験を積みました。2010年3月に発表された「市川市まち・ひと・しごと創生総合戦略」によると、市川市が女性起業支援を実施している理由は、「市が女性の社会進出を後押しするため、段階的な女性起業支援により起業家を育成、女性の視点による起業により、市民生活が豊かになる、女性に優しい市のブランドイメージを高める、起業家や地元企業とのつながりを創出する」ということです。市川市が意識して、段階的に経験を積むことができる場を提供していることが分かります。

改めて、岩間さんが経験した地域のサードプレイスとはどんなものだったのでしょうか。図4-3にまとめました。

岩間さんは、市川市が提供している女性起業支援、「〈場1〉女性起業セミナー」、「〈場2〉女性起業塾」、「〈場3〉レディースビジネスコンテスト」を段階的に経験していきました。その中でいろいろな人と

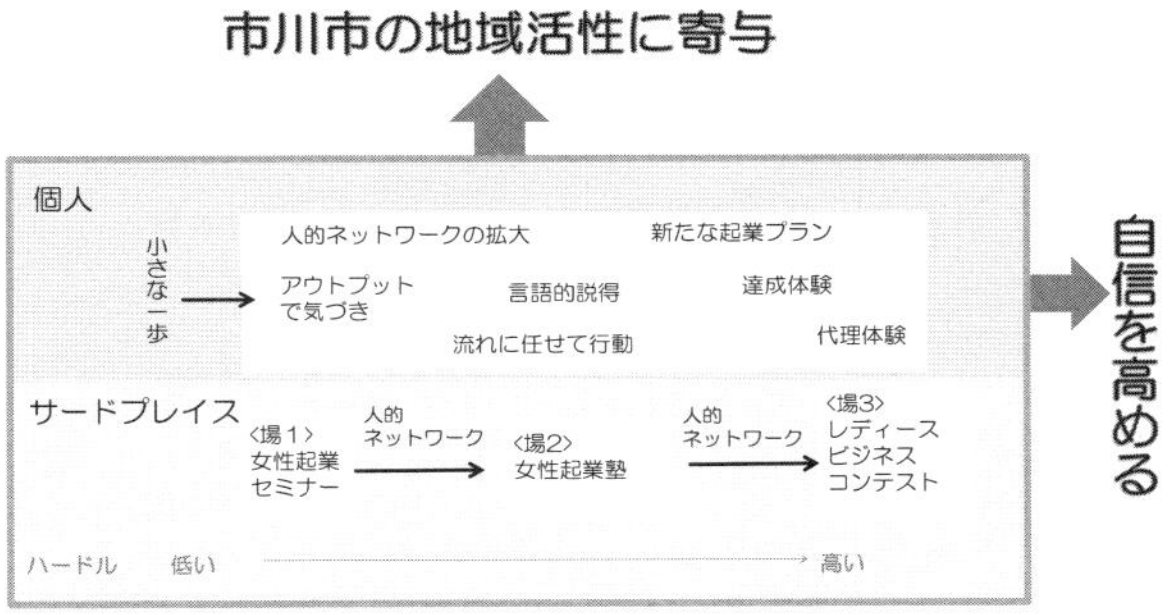

図4-3　市川市女性起業支援を通して経験したこと

出会い、人的ネットワークが広がりました。人との出会いの中で、仲間の頑張りに刺激を受け（代理体験）、周囲の励まし（言語的説得）、新たな経験を達成すること（達成体験）で、自信を高めていきました。同時に、新たな起業プランは、市川市の地域活性にも寄与していました。

第2部 地域のサードプレイスの役割と効果

離職中の女性が自信を高める地域のサードプレイスの事例

このように、岩間さんは自信を高めると同時に、地域の活性化に貢献していました。筆者は、地域のサードプレイスを調査する中で、離職中の女性が自信を高める場となる地域のサードプレイスにはいくつかの共通点があることに気づきました。ここからは、個人をとりまく地域のサードプレイスに着目し、筆者が調査した2団体のインタビューの結果を取り上げていきます。

第1の団体は東京都調布市にある「非営利型株式会社Ｐｏｌａｒ:ｉｓ（以下、ポラリス）」です。ポラリスは代表運営者の子育てサークル、コミュニティカフェの運営などの経験を生かしつつ、「潜在的な可能性を秘めた地域の女性たちが身近な地域の中で多様な働きかたを実現するための事業」を行う非営利型株式会社として、２０１２年に設立されました。ソーシャルデザイン事業部、ワークデザイン事業部、ロコワーク事業部を設置し、多様な働き方に関するコンサルティングや業務提案、地域のコミュニティ形成などに取り組んでいます。

第2の団体は港南台タウンカフェです。港南台タウンカフェは「ｃａｆｅからはじまるおもしろまちづくり」をキャッチフレーズに２００５年横浜市港南区に開設されました。ＪＲ根岸線港南台駅より徒歩2分の場所に位置しており、株式会社イータウン、横浜港南台商店会、まちづくりフォーラム港南の3団体が連携し港南台タウンカフェ事業を運営しています。タウンカフェ内には事務所があり、地域交流や地域活性化活動を実践しています。事業として小箱ショップ（棚に手作り雑貨を設置し販売）、カフェサロン、貸しスペース、情報発信・地域交流コーディネート、まちの事務局機能、港南台テント村など行っています。

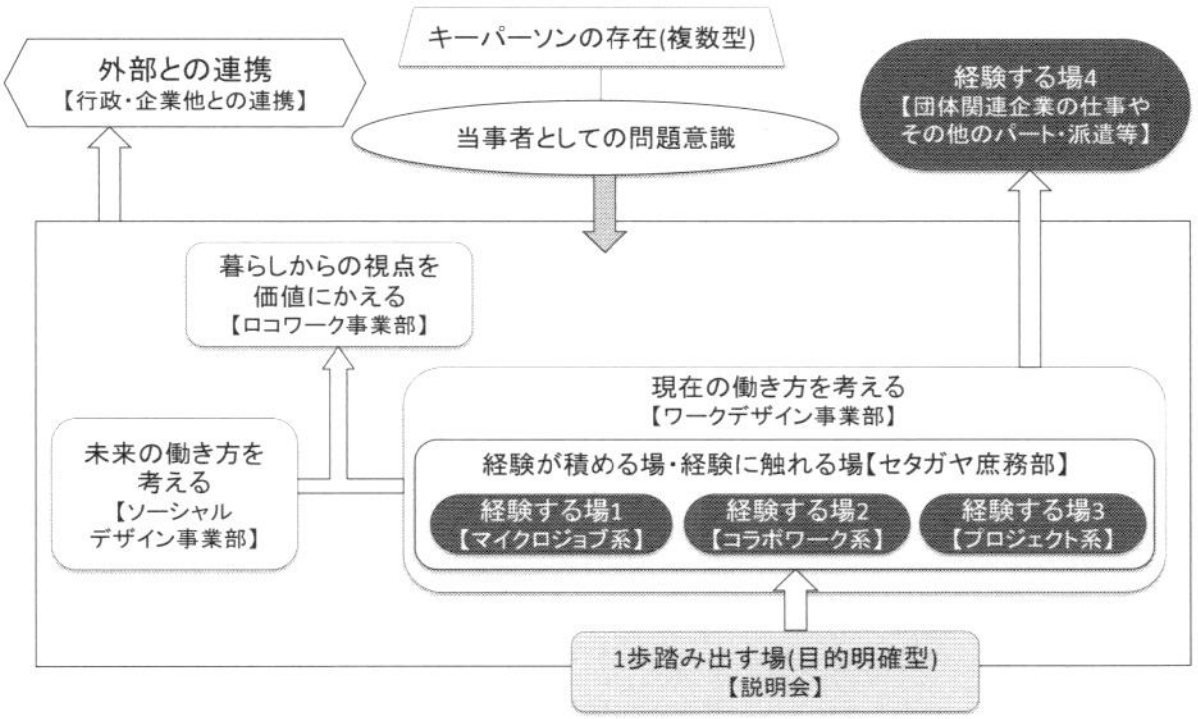

図4-4　ポラリスの要素 概念図

ポラリスとは

筆者は、ポラリスは地域のサードプレイスとして「地域活性型＋キャリア形成型」のサードプレイスではないか、と推察しました。ポラリスの活動は地域での働き方支援が中心となっており、現在は主に女性に対し地域での新しい働き方を提案、働く場を提供することで地域活性にも寄与しています。調査によって明らかになったことを記します。

ポラリスは、出産後に育児サークルで知り合った女性たちのグループ（市川望美さん、大槻昌美さん、山本弥和さん）が起業した会社です。その事業のひとつが「セタガヤ庶務部」です。会社規模によらず仕事を切り出し業務委託で請け負います。そして、育児などで離職中の女性たちが、それらの仕事を担当します。

ポラリスでは、活動のきっかけの多くが、友人・知人からの口コミ、Ｗｅｂ上の情報です。そこで興味を持てば、説明会やワークショップに参加することができ、多様な働き方に出会うイベントでは、働いた分の収入を得ることもできます。これは、岩間さんが「女性のための起業支援セミナー」「女性起業塾」「レディースビジネスコンテスト」と、参加しやすいところから、段階的に経験したことと共通していると考えられます。

セタガヤ庶務部では、４～５人の地域の女性をチーム編成した上で、業務請負に対応します。業務請負という形態であるために就業時間・場所は柔軟になり、チームで助け合うことで、子供の病気などの突発事態にも対応することができます。つまり、子育て中の女性にとって、働きやすいという特徴がありました。

「私もお友達とかに話をするとみんなそんな働き方（セタガヤ庶務部の業務請負）があるんだって（驚き）、あとはチームで働くっていうのが今まで経験したことのない働き方で、それがすごい心強かったというか」（活動期間２年未満の女性メンバー、Ａさん）

「同じようなママさんたちとおしゃべりしながら、ぽち袋を作るという体験をしたんですけど。その時に作った分のお金をいただいて、久しぶりに働いて稼いだってことが嬉しかったんです」（活動を始めようと考えているメンバー、Bさん）

Aさんが、ポラリスを知ったきっかけは団体のホームページでした。

「たまたま、友人のお母さんが『イイね』って押してたFacebookのその記事にすごい魅力を感じて、それで、たまたまその知ってすぐくらいの時期に説明会があるって、まぁこれは行ってみようってなって、（説明会場が）自宅からすごく近かったし」（Aさん）

ポラリスは商店街の一角に民家を借り、そこを事務所およびシェアワークスペースとして活用しています。筆者が調査した日は、民家の1室を利用したネイルサロンが開かれていました。

「最初は、なんか地域で起業する女性たちが入居したりシェアすることで安定した活動場所、地域で活動しようとすると、公共施設使うとお金もらえない。一般の場所を借りるのも難しいから、シェアの場所とかあると良いねって。常設場所もっていたらイベントやる時とか気軽に使えたりとか」（市

川さん）

また、ポラリスではインターネット上の場所が利用できますが、これもサードプレイスの一部といえます。物理的な場所よりも、むしろＦａｃｅｂｏｏｋでつながることで、時間を気にせず気軽に活動できます。子どもが小さいうちは時間の制約も多く、融通が利きにくい、そんな時に在宅のまま他メンバーの動向や活動情報が確認できることは、活動のしやすさの大事なポイントでした。

「それはなんか、ここに行けば誰かに会えるっていうか。Ｆａｃｅｂｏｏｋ上の場所が、私は大きいかなって。案件についても、共有するのはＦａｃｅｂｏｏｋ上のグループ内のやりとりだったりで、顔を合わせたことの無い人とお仕事をすることも多々あるんですけど。やっぱり言葉、文章でも人柄って見えるから、何か全然それで十分だなって今は思っていますね」（Ａさん）

「Ｆａｃｅｂｏｏｋに写真をアップしてコメントを書いたことで、いいねを押してくれたりしたことだけでも、嬉しかったり。Ｆａｃｅｂｏｏｋなんか絶対しなかったので、なんかできちゃった私って、小さいことの積み重ねで、すごい自分に自信が持てるようになったっていうのが、今までで経験

してなかったことなので。日々の事務のことでも、何かどんどん良い自信につながっているって感じ」（Aさん）

また、ポラリスの活動は、地域の商店会や企業といったステークホルダーをつなげるハブとしての機能を担っていました。インタビューの中では、セタガヤ庶務部で活動していたメンバーが、そのまま業務請負先の企業で働く、といったエピソードも聞かれました。ポラリスは業務請負先の企業と次のように連携しています。

「（業務請負先の会社は）地域の雇用を作るっていうソーシャルビジネスをやっているんですが、とにかくいろいろな所に新しい働き方を作りましょうっていうのをまずやっている会社です。（中略）企業代表がまた良い人でね。ぼくらはポラリスさんを信頼しているので。（中略）私たち側だけでなく、受け入れてくれる人たちがそう思ってくれているから一歩踏み出しやすかったんです」（市川さん）

先述したAさんはポラリスでの経験や人脈を生かして、現在この企業で働いています。

「なんか山形の商品を扱う、立ち上げる仕事で一緒に誰かやりませんかっていう感じだったんですけど、その会社も同じような多分、ポラリスさんっぽい会社、何かそういうのにも多分魅力を感じて、何か立ち上げだったら、なんかここからスタートに、なんか途中で入っていくよりは踏み込みやすかったところもあって」（Aさん）

このように、離職した女性たちが活躍でき、「地域活性型＋キャリア形成型」のサードプレイスであるポラリスは、自然と地域をつなげる役割を果たしていたのです。

港南台タウンカフェとは

筆者は、港南台タウンカフェは地域のサードプレイスとして「地域活性型」のサードプレイスではないか、と推察しました。なぜならば、地域への興味を喚起する活動に力を入れていたからです。行政担当者や地域に関心の高い人だけが地域活性に取り組むのではなく、いかに多くの人を巻き込むか、ということが重要で、そのためのきっかけは意識的に作られていました。

港南台タウンカフェは、富山県から横浜市に移住してきた代表運営者（齋藤保さん）自身が、地域

港南台タウンカフェ店内の様子

住民として高い問題意識をもち、打開するために何が必要か考え、実際に行動しながら現在の形を作り上げていきました。港南台タウンカフェには、地域の多世代が気軽に訪れます。カフェでは来場者が地域の情報を仕入れること（地域の情報紙）ができます。カフェには手作り品を販売できる小箱ショップ（経験する場1）が併設されていて、誰でもオーナーとして販売することができます。その経験をもとに、カフェ内で教室を開き（経験する場2）、カフェのスタッフとして働いた人もいます。前職の経験を生かしカフェのデザイナーとして働いているという事例（経験する場3）もありました。また、

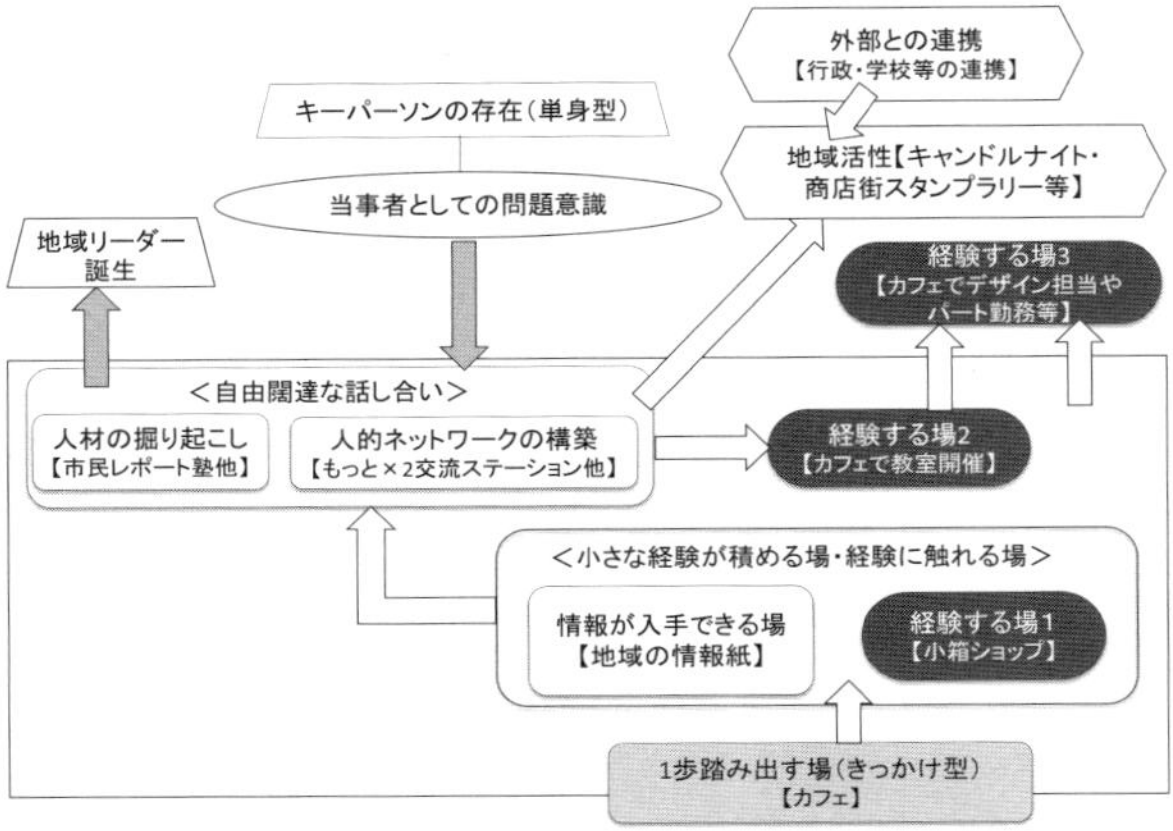

図4-5　港南台タウンカフェの要素 概念図

自由闊達な話し合いができる、さまざまな交流会や勉強会も開催され、それが仕事を経験する場として発展したこともありました。

「小箱ショップで販売していた人が、カフェの一角を使って手作りの小物を作る教室を開いたんですけど、それも交流会で飲みながら出た案だったんですよ」（齋藤さん）

また自由闊達な話し合いは、人材の掘り起こし（市民レポート塾など）と人材ネットワークの構築（もっと×2交流ステーション）につながり、それによって地域のリーダーが育成され、行政や学校と連携して地域活動の企画（キャンドルナイト・商店街スタンプラリー等）が生み出されていました。

「NPOインターンシップ、市民レポート塾といった勉強会を通じて、地域の中での人材掘り起こしをしています。たとえば、街に関心を持つ人を増やして、地域の活動におけるコーディネーター役、調整役をする人が必要だと思っているんです。交流会を通じて知り合った30～40代の商店街のリーダーになる人がスタンプラリーをやり始めたんです。地域の人がイベントの中核になるんです」（齋藤さん）

このような活動のきっかけは、友人・知人からの口コミ、Web上の情報、カフェの客として、などさまざまでした。目的を持たなくても利用できる交流拠点としてのカフェは、気軽に立ち寄れ、多くの人が利用しやすかったのです。

「誰もが気軽に集まれる場にするために、地域と関係を持ちやすくしたり。一般市民の（地域に）無関心な人に来てもらえるように。地元のカフェへということで、きっかけをあちこちにちりばめました。パンフレットでもおしゃれなカフェのような作りにして、あえてまちづくりをアピールしていません。カフェでウィンドウショッピングができる、コーヒーが飲める。100人来て2、3人に（地

域に）興味をもってもらえれば良いんです。間口を広げて…」（齋藤さん）

ワークショップや交流会に参加し地域の人々とつながることもできます。「小箱ショップ」を利用すれば、棚の一角を借りることで、その場で手作り品を販売することができます。中には、小箱ショップで自らの商品を販売した経験をもとに、カフェの空きスペースで商品の作り方を教える教室を開いた人もいた、ということでした。また、港南台タウンカフェを運営する株式会社イータウン、まちづくりフォーラム港南、横浜港南台商店会は、それぞれが地域活動の中核となる物理的な場所を必要としていました。そこで、利便性を意識して駅近くの空き店舗を事務所として利用することにしました。カフェを開き、さまざまな人が集まることのできる場所を作ったのです。

「私たちの活動の8割は後づけでできています。企画書がなく、カフェでの世間話の中で企画が生まれていました。あちこちでバブルが発生して。情報媒体、ワークショップなど、地域の人がかかわるきっかけをあちこちに作ることで街の窓口機能になっていました」（齋藤さん）

また、ここでもサードプレイスとしてインターネット上の場所がありました。カフェでは、ホームページやFacebook、港南台地域情報マガジンやブログを通じて、活動状況を外部に発信していました。これらの情報は、港南台タウンカフェの広報の役割も担い、コミュニティカフェの成功例として全国から相談や視察を受けるようになりました。インターネットを介した出会いから、新たに人のつながりが広がっていきました。

このようなつながりにより、ポラリスと同じように、商店会、学校、企業との連携させるという、港南台タウンカフェがさまざまな地域のステークホルダーをつなげる役割も担っていました。

「街のつなぎ機能として企業、行政、学童とつながることを意識しています。先日も『キャンドルナイトｉｎ港南台』というイベントをやりました。他にも、地域元気フォーラムというワークショップや講演会も実施しています。こうやって（地域活性の）きっかけ作りを5年くらいやっています」（齋藤さん）

「私たちは通常行政がやる地域センターを民間で始めているので、その後、制度化する必要があると行政へ働きかけた。こちらは人が大切だと思っているが、出会った商店会、行政の方と良い出会いがあったから良かったんです」（齋藤さん）

2団体の共通点

ここまで記したところで、この2団体にはさまざまな共通点があることがわかりました。ここからは、2団体の共通点を挙げていきます。

第1に、参入方法が段階的にあったということです。

知人・友人の口コミやWeb上の情報をきっかけに、カフェや説明会などに参加するといった小さな一歩が踏み出しやすくなっていました。さらに小箱ショップやセタガヤ庶務部の業務を通じて、収入を得られる仕組みになっていました。

第2に、サードプレイスとして、物理的、人的、インターネット上と場所を持っていました。物理的な場所として、事務所やカフェが拠点となっており、人的な場所として、地域で活動するという新たな役割を参加者に付与することができ、インターネットの場所として、情報発信の場となっていました。

第3に、地域活動における興味喚起、地域のステークホルダーをつなげるハブとしての機能、行政担当者との関わり方がありました。セミナーなどを通じて、地域への興味を喚起する活動を続け、行政や企業、他団体との連携を図り、地域のハブとして機能していました。また、志を同じくする行政担当者との出会いも共通していました。

第4に団体の成果として、さまざまな活動から収入を得ることで、自立した事業を展開していました。2団体に共通していたのは、継続的な運営をするために、セタガヤ庶務部等や小箱ショップなど独自の方法で事業を進め、団体としても収益を生み出していたことです。

第5にキーパーソンの存在です。当初からかかわっていたキーパーソンが常に問題意識を持ち続け、行動しながら、問題が起これ ばその都度修正しながら活動を続けていたのです。2つの団体の機能を、表4―1にまとめました。

まとめ

ここまで、離職した女性が自信を高める地域のサードプレイスに焦点を絞って、いくつかの事例の調査結果を示しました。第1部では、千葉県市川市の岩間さんの個人的な経験を中心に、第2部では、2団体の共通点を明らかにすることで、離職した女性が自信を高める地域のサードプレイスの機能や

表4-1　2団体のサードプレイスの機能

カテゴリ	機能	内容 ポラリス	内容 港南台タウンカフェ
サードプレイスの機能	サードプレイスのタイプ	地域活性型＋キャリア形成型	地域活性型
	参入方法	口コミ、WEB上情報	口コミ、WEB上情報
		説明会、ワークショップに参加	カフェの客、ワークショップに参加
		目的明確型（説明会で単発の内職を経験）	きっかけ型（カフェで地域情報に触れ興味を喚起）
		業務提携型業務の経験 （セタガヤ庶務部での経験）	業務委託型・自営型業務の経験 （小箱ショップで小物を作成し販売、教室開講）
	物理的な場所	事務所アパート、セタガヤ庶務部の働く場所 シェアワークスペース	タウンカフェのスペース 小箱ショップの棚
	人的な場所	座談会参加メンバー 庶務部の業務メンバー 運営メンバー	カフェの客、ワークショップのメンバー 小箱ショップのオーナー、タウンカフェで趣味講座の講師 タウンカフェのボランティア・従業員、運営メンバー
	インターネット上の場所	SNS・団体ホームページ	SNS・団体ホームページ
	地域への興味を喚起する活動	説明会、セミナー	ワークショップ、交流会
	ハブとしての役割	行政や他団体との連携 行政の縦割り機能を打ち破る	街のつなぎ機能として 行政や商店街、企業と連携する
	行政担当者とのかかわり	キーとなる行政担当者の異動により 次のステージのサポートも得られる	目的を遂行できる行政担当者との出会い
	団体の成果	セタガヤ庶務部の売上 研修、調査、コンサルティングの売上 女性が働くきっかけの提供 暮らし方・働き方への興味を人々に喚起	小箱ショップの売上 タウンカフェの売上 タウンカフェの行事 地域に関する興味を人々に喚起
	キーパーソン	複数型（設立メンバー3名）	単身型（設立メンバー1名）
		当事者としての問題意識の高さ (母親のおかれている環境に関する事柄)	当事者としての問題意識の高さ（地域活性に関する事柄）

効果を示してきました。

個人側の視点からみると、「情報の探索」「とりあえず動いてみる」「新たな経験」「人のつながり」などの要素が、自信を高めるために重要であったということが明らかになりました。一方で地域のサードプレイスの視点から見ると、利用する人が動きやすいように、「情報を発信」「さまざまな参入方法」「段階的にさまざまな経験を積めるような仕組み」「物理的・人的・インターネットの場」「人と人をつなげるキーパーソンの存在」「ハブとしての機能・行政担当者と連携」「自立した運営」など一定の共通点があることも明らかになりました。2つの関係性を図4-6にまとめました。

インタビューした人の多くが、結果として地域に興味を持っていました。たとえば、離職中にキャリアを模索する中で「これからどうやって生きていこうかな…」「何か仕事がしたいな…」と考えているうちに、インターネットや口コミ、広報誌などを通して、サードプレイスの存在に気がついていきました。「ちょっと興味があるから、行ってみるか」「やめたければやめても構わないし」といった具合に行動していました。活動を始めたきっかけは、情報探索やちょっとした行動です。これらのことは、比較的簡単な行動で、きっと多くの人にとっても、できることではないでしょうか。むしろ最初から「地域を活性化したい」「地域に貢献したい」と意気込んでいたら、思いを形にすることができず、途中で挫折していたのかもしれません。

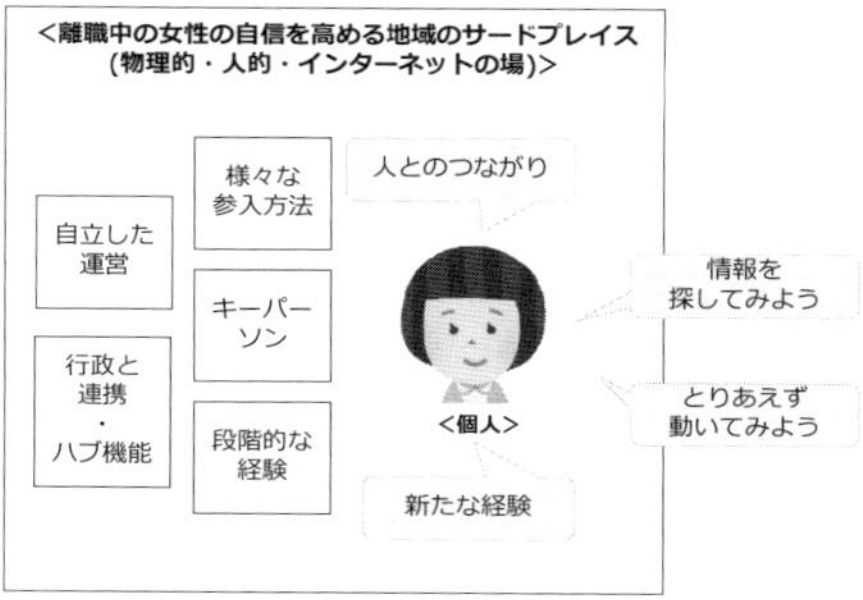

図4-6　離職中の女性が自信を高める地域のサードプレイスと個人の関係図

離職中の女性が暮らしている地域で、期せずして行動したことが地域に貢献していた、そんな構図が見えてきました。軽い気持ちで探してみると、今回紹介したような仕組みのある地域のサードプレイスに出会えるかもしれません。

　自分のこととして振り返ってみると、筆者自身が、今暮らしている地域のことを何も知らない、人間関係もできていない、ということを思い知らされました。普段、仕事中心の生活をしている筆者には、地域にかかわるといっても、そもそも何から始めれば良いのかも分からない、という感じなのです。しかし、同時に「地域とかかわりを持つことは、案外ハードルが低いのかもしれない」ということにも気づきました。休みを使って地域活動をするのは難しくても、インターネットから情報を集めることはできます。

　筆者は、この調査を終えた後「近所にコミュニティカフェはあるかな?」「自分が住んでいるところでどんな取り組みがあるんだろう?」とインターネットで情報を探したり、近所を散歩しながら普段なら通り過ぎてしまう街中の広報板に目をとめてみたりしました。そこで初めて、近所にコミュティカフェがあることを知りました。気軽な気持ちで一歩踏み出したら新たな世界が広がるかもしれません。こんな風に、地域で何が起こっているのか、と知るだけで、地域とゆるくつながり始めているのかもしれない、と思うのです。

これまで、「離職中の女性が自信を高める…」という観点で地域のサードプレイスを語ってきましたが、今回紹介した事例は、実は、幅広い層の人たちが実践できる方法ではないでしょうか。

おそらくこのような本を手にしている方は、地域に関して何らかの興味があるものと思います。既に地域とつながるため行動している方も、これから何かしようと思う方も、こんな方法もあるのか、と地域とゆるくつながるきっかけのひとつに思っていただけたら幸いです。

注釈・文献

1 Bandura, A.（1977）. Social learning theory. Upper Saddle River: Prentice-Hall, Inc.（原野広太郎監訳（1979）．社会的学習理論：人間理解と教育の基礎 金子書房

2 片岡亜紀子・石山恒貴（2017）「地域コミュニティにおけるサードプレイスの役割と効果」『地域イノベーション第9号』pp.73-86
3 市川市企画部企画課（2017）. 市川市まち・ひと・しごと創生総合戦略
4 かもめIT教室 https://www.kamome-it.com/（2019年6月5日アクセス）
5 港南台タウンカフェ http://www.town-cafe.jp/kounandai/（2019年6月5日アクセス）
6 非営利型株式会社Polaris https://polaris-npc.com/（2019年6月5日アクセス）

第2部「地域のサードプレイスの役割と効果」は、紀要『地域イノベーション』編集委員会（法政大学 地域研究センター）より許可を得て転載しました。

第5章　人が巡る仕組みをつくる～土佐山地域の「学び」のデザイン～

（谷口 ちさ）

この章では、いわゆる「限界集落」と言われた中山間地域が、地域再生に取り組み、魅力的な地域へと変貌を遂げた事例について取り上げます。高知県高知市土佐山（旧土佐山村）は、かつて人口減少が続き、２０４８年には地域の人口がゼロになると試算[1]された地域でした。当時は高齢化率も高く、全国の23・１％に対し37・０％[2]と、日本の課題の「最先端」を行く地域でもありました。そんな土佐山地域が現在では、地域住民、ＮＰＯ法人土佐山アカデミー（以下、土佐山アカデミー）、そして行政が力を合わせ、移住希望者が後を絶たない地域へと生まれ変わりました。高知市の中心部から車で40分ほどの山あいにあり、お世辞にも「便利」とは言いがたいこの地域に、どんな人が、どんなふうに関わり、どんな変化を生み出したのでしょうか。

土佐山地域との出会い

筆者は高知県高知市の出身です。高知市といっても中心部から10kmほど離れた、景勝地としても有名な桂浜というところ。太平洋を見守る坂本龍馬の銅像が立つ、海沿いの小さな田舎町です。筆者が高校生のころには、こんな田舎町から早く出たいと思い続けていました。大学進学をきっかけにささやかなその夢が叶い、関西で学生生活を送るようになりました。就職でさらに首都圏へと移り住み、憧れの東京での生活をスタートさせました。20代は仕事に一生懸命取り組み、帰省も年に一回だけ、東京でも同郷の友人と会う機会はほとんどありませんでした。しかし30代になり、高校の同窓生の関東支部に向けた季刊新聞の製作に携わるようになります。今思えば、仕事以外のことにも目を向ける余裕ができ、パラレルキャリアに一歩踏み出した瞬間だったのかもしれません。それをきっかけに、少しずつ「郷土のために何かしたい、でも何をしたら良いのかわからない」という思いが強くなっていきました。その解決策として地域づくりについて学べる大学院を選び、2015年に入学しました。筆者が37歳になる年のことでした。

土佐山アカデミーの事務局長・吉冨慎作さんは山口県出身で、筆者と同い年です。同じ名前の地元の英雄・高杉晋作に憧れる少年でした。ある日、高杉が龍馬にピストルを贈り、これが寺田屋で龍馬の命を救ったというエピソードを知った吉冨少年は、高杉が救った龍馬という人物に興味を持ち始めます。気がつけば、人生の岐路に立ったときには必ず、龍馬に会いに桂浜を訪れるようになりました。

土佐山アカデミー事務局長・吉冨慎作さん

最初に自分で桂浜を訪れたのは、なんと中学3年生の時。普通高校に行くか、高等専門学校(高専)に行くかで迷い、単身で電車を乗り継ぎ5時間かけて桂浜までやって来ました。龍馬の銅像の背中を見たときには、高専に行こうと心が決まっていたそうです。筆者が悶々と「こんな田舎から出たい」と思いくすぶっていたとき、吉冨少年は「こんな田舎」を訪れて、自分

桂浜から太平洋を眺める坂本龍馬像

の人生を自分で選択していました。

高専を卒業し就職した後も、人生の岐路に立つたびに、吉冨さんは何度も桂浜を訪れました。吉冨さんは「龍馬街道」というＷｅｂサイトや、龍馬になりきってつぶやく「龍馬ｂｏｔ」というツイッターアカウントを開設しており、龍馬オタクの間ではちょっとした有名人になっていました。広告代理店時代に高知へ取材に行こうと決めたある日、ツイッターで「土佐にもんてくるぜよ！（戻ってくるよ）」と投稿したところ、「葉牡丹で待ちゆうぜよ（葉牡丹という居酒屋で待っているよ）」と返信をもらい、結局、高知でその人と酒を酌み交わすことに。そんな調子で、高知に「飲み仲間」がだんだんと増えていきました。ある日、高知の居酒屋で知り合いと飲んでいると、「そんなに高知が好きなら住民票を移しや！私のおばあちゃんく（家）

の住所を使いや！」と、箸袋の裏に住所を書いて渡されます。それを受け取った吉富さん、「なるほど」と住民票を高知に移したというから驚きです。結婚を機に一度、住民票を居住地の福岡に戻したものの、この後、本当に高知に移住することになります。

２０１２年、吉富さんが34歳の時、土佐山アカデミー事務局長の求人を目にします。吉富さんはすぐに出張の飛行機の中で、金髪（当時）の自撮り写真を履歴書に貼り付けて応募しました。そして後日、合格通知をもらうのです。なお、面接のときはさすがに髪を黒く染めてから行ったそうです（笑）。無事に高知での勤め先が決まった吉富さんですが、旧来の高知の知人からファミレスに呼び出されます。吉富さんを心配する複数の高知県民に囲まれ、「気持ちは嬉しいが、やめておけ」「やってみたい気持ちはわかるが、本当にいいのか」「福岡にいながら高知に関わってくれるだけでも十分」と説得されたのです。しかし、そう言われると行きたくなる性分なのが吉富さん。その後、福岡に戻り、事後報告で妻とその両親を説得します。その際に、40ページにもおよぶ企画書を作ったそうです。そこには、こんな時代だからこそ高知へ赴く、といった内容から家庭のマネープランまで、あらゆる内容を詰め込んだそうです。

筆者は、地域づくりを学ぶ目的で大学院に入りました。とはいえ研究などはしたこともなく、どうやってやればいいのかもわかりません。当初は単純に「移住者が増えれば地域は活性化するだろう」

と思っていました。そこで、研究テーマを「移住」とし、高知で移住が盛り上がっている地域として土佐山を選びました。とはいえ、土佐山地域には縁もゆかりもありません。ときおり高知新聞などで取り上げられるため「土佐山アカデミー」という団体があることは承知していましたが、何をしている団体なのか、まったく知りませんでした。

土佐山アカデミーを知るために、まずはホームページ[3]を確認しました。当然、ホームページだけでは限界があります。わからないこと、具体的に聞いてみたいことを書き出しましたが、誰かに聞きたくても土佐山に知り合いはいません。現場に行くしかないと、ホームページの「視察のお問い合わせはこちらから」というバナーをクリックし、訪問してみることにしました。大学院生1年目の夏でした。

桂浜の実家を出発し、山あいの土佐山地域までおよそ30㎞の道のりを車で走りました。同じ高知市内とはいえ、なかなかの距離です。慣れない山道は、一本でも道を間違えると軌道修正が難しく、不安に感じながら土佐山アカデミーにたどり着きました。その日は吉富さんには会うことができず、別の職員さんが出迎えてくれました。土佐山地域を車で巡りながら、行政や企業が研修の場所として土佐山地域を選んでいること、さまざまなイベントを企画・運営していることなどについて教えてくださいました。訪問をきっかけに、筆者はこの年の11月には「土佐山文化祭」に、翌年の2月には「土

オーベルジュ土佐山・外観

佐山夜学会」に参加し、吉冨さんと出会うことになります。

土佐山地域・社学一体教育の歴史

土佐山アカデミーが移住者と地域住民の交流の場として開催しているイベントのひとつに「土佐山夜学会」があります。筆者が参加したのは２０１６年２月、場所は土佐山地域の東川地区にある「オーベルジュ土佐山[4]」というリゾートホテル内の一角にある広間でした。そこは、土佐山地域に関する活動のためであれば、無料で貸し出されています。その日のテーマは「土佐山の歴史」。プレゼンターは地元在住の鎌倉寛光さんで、移住者を含む地域住民や、土佐山地域に仕事で出入りしている方、高知大学の准教授などが参加していました。

そもそも、「土佐山夜学会」というネーミングにも、地域の歴史が秘められています。時代は明治までさかのぼります。高知は自由民権運動の盛んな地域でした。板垣退助らが１８７４年に設立した立志社を中心に、高知の各地で青年たちによる地区結社が設立されました。土佐山地域にも「山嶽社」という結社がありました。しかし自由民権運動は政府からの弾圧を受けていたため、高知の中心部で会合を開くのは危険が伴いました。そこで県下の民権家およそ2千名が「狩り」と称して山嶽社に集い、議論を交わし合ったという記録が残されています。土佐山地域が「よそもの」を受け入れてきた原点は、この「巻狩大懇親会[5]」と呼ばれる出来事から読み取ることができます。

また、土佐山地域には、教育を学校・家庭・地域ぐるみで行う「社学一体教育」という風土が根付いています。山嶽社で行われてきた政治的な集いが、やがて青年学習の場となり定着することで、重要な役割を果たしてきたのです。青年学習の場は小学校や神社などへ会場を移し、村内の各地域で「夜学会」と呼ばれる勉強会が定期的に開かれるようになりました。大正時代には夜学会の流れを汲む青年訓練所や女子実業補習学校などが開講され、昭和に入ると青年団による学習活動「土佐山青年学級」が始まりました。こうした取り組みが成果を上げ、１９６３年には文部省から表彰を受けています。さらに「社学一体教育」の流れは現代にも受け継がれており、２０１５年4月に小中一貫校・土佐山

土佐山地域にある「社学一体教育の拠点」石碑

学舎が開校しました。地域について学ぶ「土佐山学」をはじめ、英語教育やICT活用など特徴のある教育方針で、土佐山地域内外からの児童・生徒たちを受け入れています。

土佐山地域が大切にしてきた「社学一体教育」の歴史の一部である「夜学会」。土佐山アカデミーが地域の魅力を見つめ直し、異なる形で復活させました。さらに、地域住民だけでなく私のような「よそもの」も参加することができるのは、さながら巻狩大懇親会のよう。静かな土佐山の夜に、ぽつんと浮かび上がるオーベルジュ土佐山の明かり。そこで開かれる現代の夜学会で語られた内容について、もう少しお話しします。

鎌倉さんから伺う土佐山地域（旧土佐山村）の近年の歴史は、地域の困りごとを行政任せにせず、地域住民が協力して解決してきた出来事の積み重ねでした。たとえば、オーベルジュ土佐山のある東川地区と中切、久万川の3つの地区は「中川」という愛称で呼ばれています。中川では、小学校の統廃合をきっかけに過疎という問題に直面し、それ以降、住民が主体となった地域づくりに着手するようになりました。最初の取り組みは1991年に開催された「梅まつり」で、これが地域に活気をもたらすきっかけとなり、現在も続いています。その後も、地域住民が主体となる地域づくりに取り組みました。この日の会場となったオーベルジュ土佐山も、開発デベロッパー任せにするのではなく、地域住民が知恵を寄せ合い生まれたものでした。地域で「中川をよくする会」を組織し、まちづくりプランナーの協力を得て、何度もワークショップを繰り返しました。その結果できた構想が、オーベルジュ土佐山を核とした集落経営でした。建築家やデザイナーなどプロフェッショナルの手を借りつつも、「自分たちでできることは自分たちでやってみよう」という志のもと、オーベルジュ土佐山のコンセプト作りから、周辺の環境整備、近隣で行われるイベントの企画・開催などを行いました。こうして1998年、オーベルジュ土佐山は、中川や土佐山地域だけでなく、高知県の期待を一身に背負って落成しました。地産地消をベースに季節の食材を使用した食事や、時計やテレビのない客室でのゆったりとした時間が受け入れられ、現在でも人気の温泉宿泊施設です。また、旧土佐山村は、ふるさと創生事業（1988〜89年）で交付された1億円の使い道もユニークでした。多くの自治体がモニュメントやハコモノを作る中、土佐山村はその多くを地域活性化のための「研修費」として使用しました。国内外を問わず、地域振興に力を入れている地域を視察し、学びを土佐山地域に持ち帰るのです。この学びの成果が、梅まつりやオーベルジュ土佐山の取り組みのように「地域住民が一体となって考える」ことに結びついたのでしょう。公金の使い道にも「社学一体教育」の血が通っていることがよく伝わるエピソードです。この時代から、地域ぐるみで「越境的学習」を取り入れていたのですから驚きです。

「地域×学び」のデザイン　～ただのイベントで終わらせない仕組みを作る～

土佐山アカデミーは、土佐山地域の強みを生かしたスクール事業を展開する目的で、２０１１年に誕生しました。そして翌年にＮＰＯ法人化されています。吉冨さんが事務局長となってからは、行政の委託事業や研修事業に力を入れており、「遊びと学びの境界線をなくす」、「学び方を学ぶ」、「大人の才能を無駄遣いする」をミッションとして、地域の課題を資源と捉えたエッジの効いた取り組みを加速させています。土佐山アカデミーのメンバーは、主な理事は地域住民、事務局はいわゆる「よそもの」で構成されており、地域資源のプロフェッショナルと、その資源を「当たり前」にあるものではなく「特別」なものだと気がつける人々が一緒になって運営している点が興味深いところです。

段々畑でそうめん流しを楽しむ参加者

土佐山アカデミーで行われるイベントは、地域の課題を解決しつつ、それが学びにつながるようにデザインされています。たとえば「世界最速!?鏡川源流そうめん流しチャレンジ」は、「竹林の整備のために竹で何かやりたい」という地域課題が発端でした。最初の発想としては「じゃあ、そうめん流しをやろう！」、それだけだったと吉冨さんは語ります。そこから「急斜面の棚田の上にある利雄さんの家からそうめんが流れたら面白いだろうな」と、遊び心を持って、しかし、最終的にはそのイベントの様子が新聞に載っているところまで想像しながら、発想を展開していくのだそうです。

もちろん、発想だけでは終わりません。次に、実現に向けて「お互いのメリットを探す作業」が始まります。そうめん流しの開催地として、吉冨さんは土佐山地域の中でも急傾斜の棚田が多い高川地区をイメージしていました。地

そうめん流しに笑顔があふれる

区長さんとの以前の会話を思い出し、「そういえば、地域のお祭りを作りたいっておっしゃっていましたよね」と、お互いのメリットになるように、世界最速のそうめん流しを提案しました。当初は「早くて食べれんそうめん流しに人が来るが？」と、地域の方々も半信半疑の様子だったそうです。しかし、吉冨さんのイベント・デザインは続きます。世界最速のそうめん流しには、物体の運動を研究する力学である流体力学が応用できるのではないかと、航空会社のエンジニアに協力を依頼したのです。まさに「大人の才能の無駄遣い」であり、「遊びと学びの境界線をなくす」試みでもあります。ともすれば地域のほのぼのイベントで終わってしまう「そうめん流し」に対し、ここまで本気で取り組み、実現させていく様子を見て、地域の方々も「あの段々畑の3段目はいとこのやき、言うちょいちゃるわ（いとこのものだから、言っておいてあげる）」とか、「あそこ

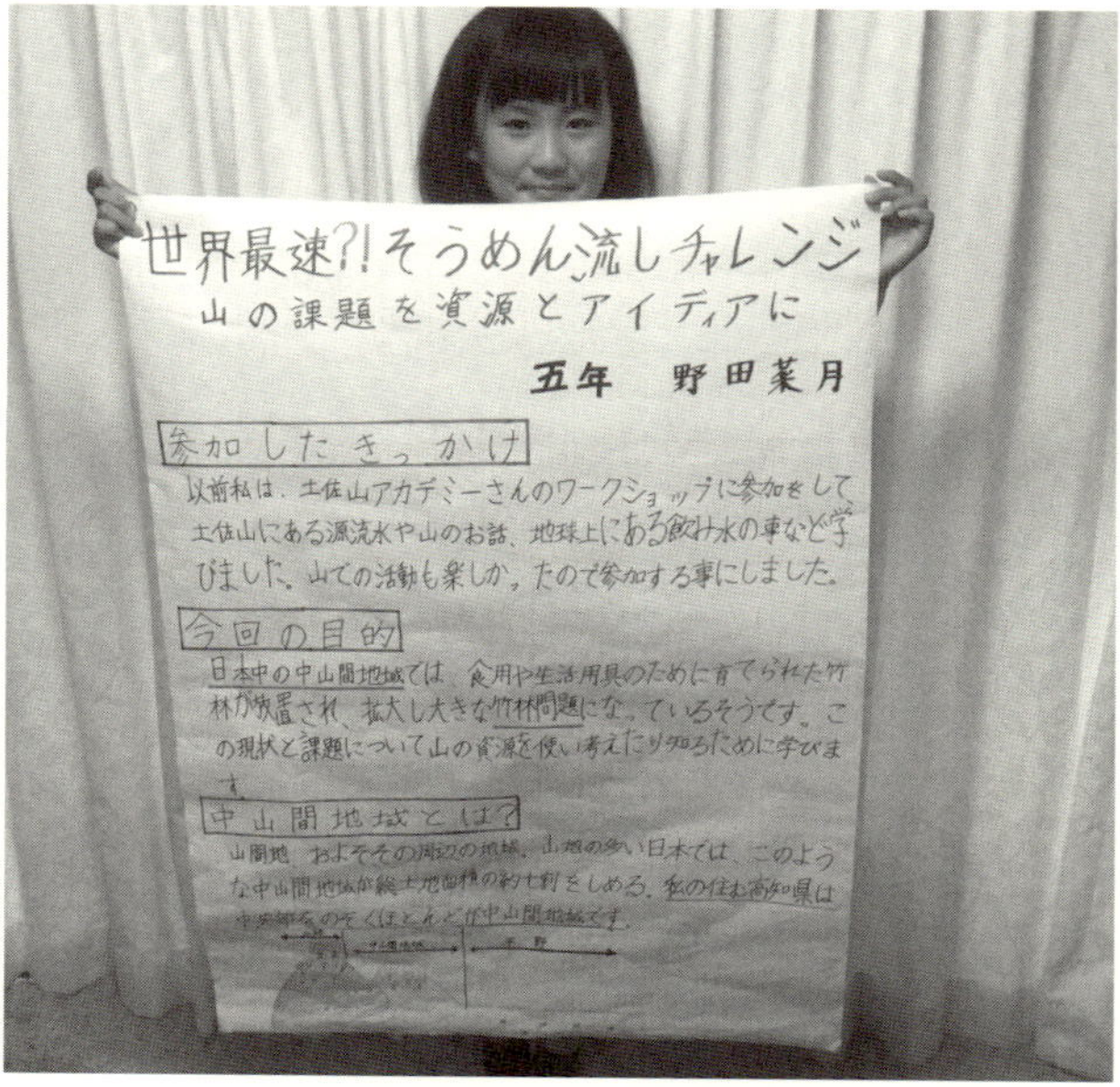

そうめん流しを取り上げた自由研究

はあの人の土地やけんど、お酒でも持って行ったら使わしてくれるろう（使わせてくれるだろう）」といった、具体的な協力やアドバイスをしてくれるようになっていきました。

イベントが終わると、全戸に定期的に配布される「土佐山アカデミー通信」でも報告が行われます。それを見て「どうも14㎞出たらしいにゃあ」などと会話が弾み、「次はお宮の上から水を引いてはどうか」とか、「竹の継ぎ目の部分でスピードが落ちるから、組み方を工夫した方が良いぞ」など、新しいアイディアが地域の人々から生まれてきて、次の年へとつながっていくのです。教室で流体力学の授業を受けただけでは、よくわからないで終わってしまうかもしれません。しかし、このイベントは順序が逆です。速さに着目したそうめん流しから、放置竹林の問題や流体力学に興味を持つことができます。夏休みの自由研究でそうめん流しを取り上げて、イベント終了後に自ら学びを深めたお子さんもいたそうです。「学び方を学ぶ」とはこういうことなのでしょう。

結果として、「世界最速⁉鏡川源流そうめん流しチャレンジ」は、ただのそうめん流しではなく、地域、コミュニケーション、そして物理を学べるイベントとして、毎年成長を続けています。「いつか、鳥人間コンテストとかロボットコンテスト（ロボコン）みたいに、全国からツワモノが集まる世界最速そうめん流しコンテストができたら面白いね」と、吉冨さんは遊び心たっぷりに語りました。

戻りガツオ教育　～地域に興味を持つ子どもたちを育てる～

土佐山アカデミーは、行政と一緒になって学びの場を提供することもあります。「森の子ども会議」は、高知県教育委員会と土佐山アカデミーが提供する次世代リーダー養成プログラムです。地域の課題解決のために集まった「子どもたち」は小学校高学年から大学生までと幅広い年代ですが、ここにも吉冨さんのプログラム・デザインが隠されていました。

土佐山アカデミーでは企業向けに地域資源を使った研修や、自然の中で対話する場などを提供することがあります。その際に参加者に意識してもらうことは、「自分の価値観やルールを、少し、自然の流れに寄せてみる」こと。企業の中では、白が黒になったり、結局誰のためなのかが曖昧な忖度が行われたりすることもあります。しかし、自然の中では、水は必ず高いところから低いところへと流れ、海や川から蒸発した水分は雨となってまた海や川に戻ります。土佐山アカデミーの提供する研修を通じて、「考え方や行動を自然に寄せるとやりやすくなる」ことを体感することができるのです。

森の子ども会議に参加できる子どもたちの年代が幅広いのも、「自然に寄せた」だけのこと。世の中は一つの世代だけで成り立っていません。当然、知識も行動力もある大学生は、みんなの意見を取りまとめるようになります。元気いっぱいの小学生は、ときに言いっぱなしで終わってしまうこともあります。間に挟まれた中高生は、つい先日まで小学生の立場だった自分を省みながらも、次は大学生の立場でやらなければならないという責任感を身につけながら参加します。さらに、関わる大人の世代も幅広く、土地を提供してくれている地域のおじいちゃん・ナミオさんは90代ですし、この会議に協力してくれる大人たちや、プロジェクトを実現するための依頼先となる大人たちもいます。さまざまな大人たちを巻き込みながら、みんなで一緒にプロジェクトを進めつつも、年代に応じた学びを深めて、次の年へとつながっていくデザインになっているプログラムなのです。

「なぜ山に人が来ないのか」。ある年の会議で、子どもたちはこの課題に取り組みました。話し合いの末に出た結論は、「山に来る理由がないから」。だったら山に来る理由を作ろうと、ナミオさんが提供してくれた土地（通称・ナミオハウス跡地）に巨大なブランコを作ることになりました。ここはもともとナミオさんの土地でしたが、土佐寒蘭を育てる方や養鶏をする方に貸していました。その方々が亡くなり、土地がナミオさんの元に戻ってきたときには、廃材などが持ち込まれ、荒れ放題になっていました。ナミオさんのこの土地に対する思いを伺いながら、土佐山アカデミーが「地域課題」として企業研修の題材にしました。大手企業の社員や県庁職員が土佐山地域にやってきて、「ナミオハウスの片付け」や「廃材の活用」などをテーマに知恵を寄せ合い、結果を出して、今ではすっかりさら地となっています。筆者も、初めて土佐山アカデミーを視察させていただいた際にナミオハウスを訪れていましたが、さら地となった跡地の写真と、かつて見たナミオハウスがしばらく結びつかず、同じ場所だと理解するまでに少しばかり時間を要したほどでした。

巨大なブランコは、当然、子どもたちだけで建設することができません。竹林の持ち主への交渉から始まり、竹の切り出し、加工、組み上げ、県内の事例探しなど、各所に電話をかけて大人たちと日程調整したり、見積もりを取ったりします。そのためには、プロジェクトにはもともと関わりのない大人たちも巻き込んでいく必要がありました。そして企画からおよそ半年間をかけて、アルプスの少

ナミオハウス跡地に建てた巨大ブランコ

女ハイジの場面を思わせるような、高さ約8メートルの巨大な竹製ブランコを完成させたのでした。地域の課題を教材に変え、それを体験するにとどまらず、他人を巻き込めるリーダーシップを身につける。そんな取り組みです。

土佐山アカデミーはその他にも、地域の小中一貫校・土佐山学舎とタッグを組んで、「土佐山学」という授業を提供しています。授業の中で児童・学生たちが鏡川を調べたり、会社を作ったりしながら、地域資源についての学びを深めています。「彼らがここまでやっているのに、土佐山アカデミーはこのくらいか」と思われないように、真剣勝負で臨んでいると、吉冨さんは語ります。

吉冨さんはこうしたプロジェクトを「戻りガツオ教育」と呼んでいます。春先に太平洋を北上したカツオ

（初ガツオ）が、秋になって脂ののった状態で戻ってくるのが戻りガツオ。カツオの消費量日本一の高知県にちなんだネーミングです。地域資源について調べたり、それらを活用してモノやサービスを作り上げたりする経験は、必ず体験した者に残ります。進学や就職をきっかけに一度は高知を離れる若者が多いのですが、その経験がいつか故郷を思い出し、「高知に帰ろう」と思うことにつながるかもしれません。そのような若者を今から育てることができるのもまた、土佐山地域の使命なのかもしれません。

土の人、風の人、水の人　～地域に人がめぐる仕組みを作る～

高専に通っているときに、吉富さんはロボコンに出場した経験があります。超・文系の筆者は、ロボコンに出る＝すごい技術を持っている、とばかり思っていました。ところが、そうではないと吉富さんは言います。「高校生レベルでは、授業で習ったこと以外はできないし、わからない。だから、ロボコンに出るために、工場のおじさんと仲良くなって、いかに教えてもらうかが重要だったんです」

先生方や工場の皆さんに教えてもらいながらだんだん形が見えてくると、仲間たちには「勝てるんじゃないか」という希望が生まれてきます。そうすると、人は自然と前のめりになり、モチベーショ

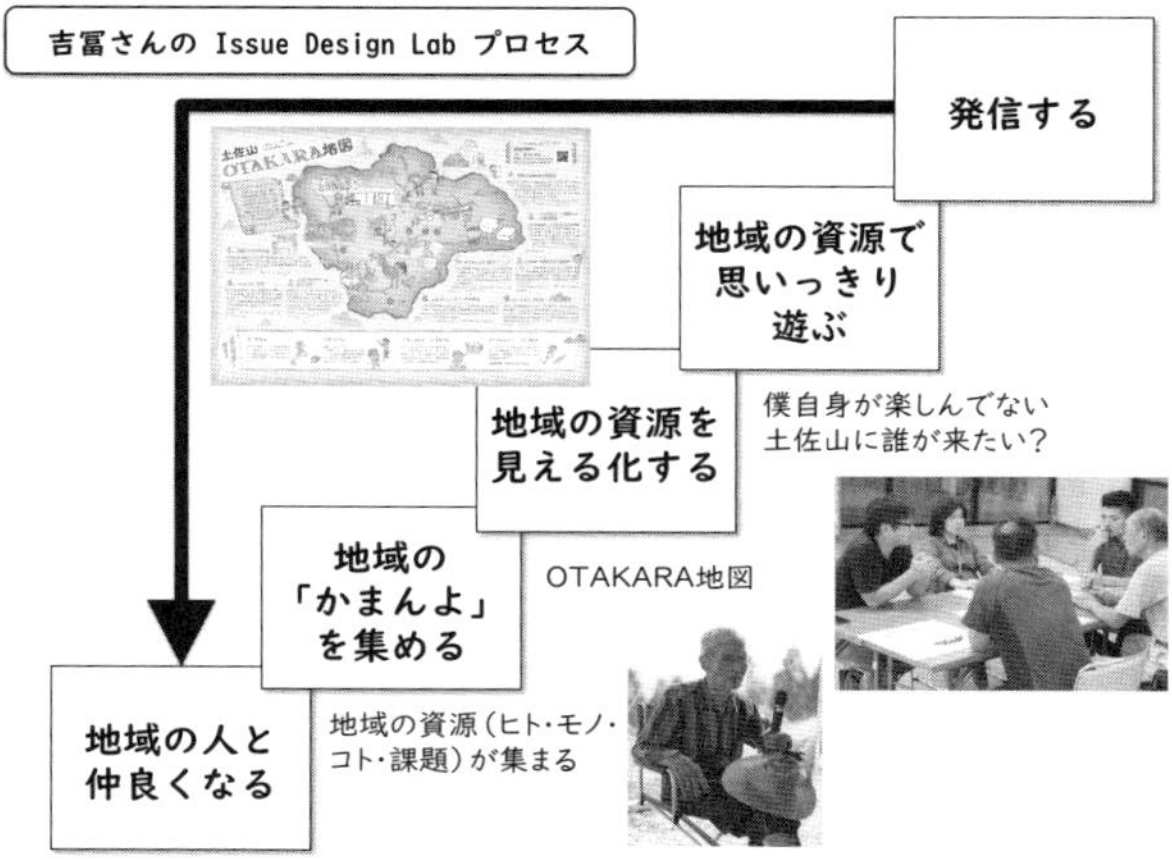

吉富流・地域資源を活かして学びをデザインするプロセス

ンが高くなっていきます。その経験は、土佐山アカデミーの「学びと遊び」のデザインにも生かされていました。吉富さんは筆者に、1枚のプロセス・マップを見せてくれました。

地域で何かをやろうとするなら、まずは、地域の人と仲良くなること。地域資源のことは、地域の人が一番よくわかっているものです。地域資源を使わせてもらったり、地域に潜むプロフェッショナルを発掘したり、紹介してもらったりするためにも、まずは地域の人とよく話し、相談し、お互いのメリットを一緒に探していくことが大切です。そんな関係が続いていくうちに、地域の人が「あの山を使うてもかまんよ（良いですよ）」、「あの空き家を好きにしてかまんよ」と、たくさんの「かまんよ」を提供してくれるようになります。

そんなやりとりを繰り返す中で、土佐山アカデミーは、地域に当たり前にありすぎて見落としている「地域資源の価値」を発掘していきます。たとえば、土佐山地域は、坂本龍馬が泳いだとされる鏡川の源流域に当たります。「鏡川の源流を見たい」と土佐山までやって来る人もいますが、源流域は観光地としては未整備で、せっかく来た観光客が満足して帰ることができるような状態ではありませんでした。土佐山地域の人に聞けば連れて行ってもらえる場所ではありますが、一介の観光客が案内所でもない地域の人に尋ねるわけにもいきません。土佐山アカデミーは、その「地域の魅力」を発掘し、「地域課題」として研修の題材とし、集まった大人たちに話し合ってもらいました。結果として、「源流点の看板を作る」という解決策が決まり、実現に向けて、源流点の定義の確認、管轄する機関への問い合わせなどが研修内で行われました。

さらに、前述の通り、吉冨さんはイベントやプログラムのひとつひとつについて、「この結果が新聞に載るところまで想像する」とおっしゃっていました。「発信する」ことで多くの方々が活動に興味を持ち、注目してもらうことができます。それは、土佐山アカデミーとしてはもちろんのこと、地域の人々にとっても活力になっていきます。さらに、それを見た地域外の人も、「次は行ってみよう」と思うきっかけになります。その発信の結果がまた、地域の人々と土佐山アカデミーとの信頼を深め、アイデアが集まる原動力となって循環していくのです。

吉冨さんは、地域にもともと住んでいた人たちを「土の人」、外から来た人々を「風の人」と呼んでいます。そうした人々の交わりから、その土地の「風土」がより豊かになっていく、という考え方です。そして、吉冨さんや土佐山アカデミーのメンバーは「水の人」として、風と土をつないでいく役目を果たしています。地域が生き残っていくためには、「地域資源（課題）」と「水の人」と「アイデア」が不可欠であり、地域課題に対する表現力が重要であると、吉冨さんは語ります。中山間地域であり、過疎地であり、交通至極不便なこの場所は、逆の見方をすると「最先端」なのです。ないものに目を向けるのではなく、課題を資源と捉え、そこにあるもの、イコール地域資源に目を向けることができる場所は、都会にはなかなかありません。わざわざ、この土佐山地域に来てもらうことでしか実感できない贅沢な体験があるのです。

吉冨さんは、「僕自身が楽しんでいない土佐山には誰も来たいと思わないでしょう」と、自らが楽しむことが最も重要だと話します。これからも、遊び心を持って地域課題を見つめ、土の人や風の人を巻き込みながら、魅力のある地域づくりを続けていくのでしょう。私たちは、そんな土佐山地域に「わざわざ」行ってみるだけで、つまりはゆるく地域に関わるだけで、十分に地域は元気になっていくのです。

注釈・文献

1 土佐山百年構想 http://www.yumesanchi.jp/files/230302.pdf（2019年4月29日アクセス）

2 2010年の高齢化率を筆者が算出。データの出所は、全国については内閣府『平成23年版高齢社会白書（概要版）』より、土佐山地域については高知市『土佐山地域のまちづくり構想』より抜粋

3 土佐山アカデミー ホームページ http://tosayamaacademy.org/（2019年4月29日アクセス）

4 オーベルジュ土佐山 ホームページ http://www.orienthotel.jp/tosayama/（2019年4月29日アクセス）

5 土佐山村史編集委員会編（1986）『土佐山村史』高知県土佐郡土佐山村

第6章　学生のプログラミング教育への情熱で、横浜が活性化（山田 仁子）

２０１６年3月7日、パシフィコ横浜・国立大ホールで学校法人岩崎学園（以下、岩崎学園）教育成果発表会が開催されました。岩崎学園情報科学専門学校の学生3名が、この発表に臨みました。このチームは、横浜市内の小学校などに訪問して、小学生たちに「ロボットプログラミング講座」をサポートしてきました。そして見事にグランプリを受賞しました。グランプリを受賞した学生は、「ITを通して実現したいこと」の質問に対し「子どもはロボットに対しても親しみがありITに抵抗感はありませんが、私たちの世代や大人はITに対して抵抗感が強いように思います。私たちが実現したいこと思っていることは、まず子どもたちに楽しさを実感してもらうことです。次に、子どもたちが大人や小学校や中学校の先生に、楽しさを伝えることによって、子どもたちでもできるのだったら私たちでもできると感じてもらうことです。そのようなことで、子どもと大人のITに対する意識を変えてもらいたいと思っています」と勇ましく話してくれました[1]。

この章では、地域における小学生のＩＴ教育について述べていきます。地域としては、神奈川県横浜市を取り上げ、地域のＩＴ教育をどのように広めていくか、見ていきます。神奈川県横浜市にある岩崎学園情報科学専門学校の学生による、小学生対象のプログラミング教育の事例を紹介します。

筆者は岩崎学園情報科学専門学校の教員です。小学生にＩＴ教育をするために夜遅くまで残り、みんなで楽しそうに教材や授業の準備をしていた学生たちを扉のガラス越しに見たことがあります。授業がない土曜日に、朝早くから集合して、楽しそうに小学校へ向かう学生を見て、なぜみんなはこんなに頑張っているのだろうと、疑問に思っていました。そんな時、岩崎学園教育成果発表会（以下、岩チャレ）で改めて発表を聞きました。「いつかこの活動の素晴らしさをもっと多くの人に知ってもらいたい」と考え、今回紹介させていただくことにしました。教育は大人がするものといった認識があるかもしれませんが、ここでは学生による、学生ならではの横浜市での教育を知っていただきたいと思います。

岩崎学園教育成果発表会プレゼンテーション

岩崎学園教育成果発表会終了後の記念写真

初代校舎　横浜市鶴屋町　(1927年)

横浜市と岩崎学園

1927（昭和2）年、女性の社会進出があまりされていないころに、岩崎春子先生により、横浜の地に横浜洋裁専門女学院（現横浜fカレッジ）が設立されました。当時から「面倒見の良い教育」を標榜していました。横浜市で1949年、日本貿易博覧会第一会場（野毛山会場）でファッションショーを開催するなど、「主体性を育む教育」を実践してきました[2,3]。

以来90年を超えて、常に時代の流れを的確に捉え、地域社会のニーズに合った教育環境の提供をしてきました。「豊かな人間性と高い専門スキルを備えた人材を、社会へ」という理念を掲げて、各分野のスペシャリストを養成してきました。

設立当時の授業風景（1927年）

現在では、ＩＴ、ファッション、デザイン、リハビリテーション、保育、医療、看護の専門学校教育を中心に、大学院教育（情報セキュリティ大学院大学）や、保育園・幼稚園・放課後児童クラブ等の幅広い子育て支援を展開しています。また、文化事業（岩崎学園博物館）や再就職支援訓練、ＮＰＯ活動なども行っています。

横浜の地に芽吹いた岩崎学園は、神奈川県との包括協定（地域が抱える社会課題に対して、自治体と民間企業等が双方の強みを生かして協力しながら課題解決すること）に基づき、活発に活動を進めています。神奈川県で開催されるスポーツイベントへの出展や連携や協力、高齢者や子育て支援や協力、ＩＴやセキュリティ関連でのセミナー実施や授業実施、横浜高速鉄道が運営するみなとみらい線制服デザインなど、まさに多岐にわたっています。

２０１８年度の活動件数は、41件でした。参加学生は、約８００名におよびます。また、それらの活動はパブリシティとして、紙媒体（一般紙や地域フリーペーパー等）、インターネット媒体（ニュースサイト等）などで約１６０件紹介され、テレビなどの電波を通じても放映されました。

こうした活動の発表の場として実施される岩チャレは、各学校で日々取り組んでいる産学連携プロジェクト等の成果発表の場となっています。発表を通じて、岩崎学園に入学した学生一人一人が学びを深め、成長し、社会に羽ばたき、広く社会に貢献してほしいとの思いから、岩チャレは、実施されています。つまり、地域の学校が、地域とつながった成果を示す場でもあるのです[4]。

岩崎学園の中で、本章の主人公となる学生が属する情報科学専門学校は、１９８３年、神奈川県下初の情報系専門学校として、情報産業の人材育成を目的として誕生しました。最先端のＩＴスキルに加えて、論理的思考力を身につけた、多くのＩＴ人材を輩出しています。

横浜市の小学生プログラミング教育

２０２０年から小学校でプログラミング教育が必修化されることになりました。文部科学省は、プログラミング教育を通じて育成する思考力を「プログラミング的思考」と呼んでいます。「学習指導要領解説」はそれを次のように説明します。「自分が意図する一連の活動を実現するために、どのような動きの組み合せが必要であり、一つ一つの動きに対応した記号を、どのように組み合わせたらいいのか、記号の組み合せをどのように改善していけば、より意図した活動に近づくのか、といったことを論理的に考えていく力[5]」とされています。

小学校プログラミング教育活動（以下、小プロ）の顧問をしている鈴木英人（ひでと）先生は、「プログラミング的思考」について、料理を例に説明してくれました。「カレーを作るときに、野菜を入れる前にルーは入れないですよね。また、お湯が沸騰する前にルーは入れないですよね。このように順序を考えると、最終的な手順が決まります。このゴールにたどり着く手順を考えていくことが、『プログラミング的思考』になるのです。物事を考えるときに始めから考えると行き詰まってしまうことがあるかもしれませんが、ゴールから逆に考えると解決できることが多いのです」。鈴木先生は、さらに小プロを、次のように説明してくれました。「小プロの授業は、グループで実施することで、他人の意見も聞き、自分の意見も言い、『相手を思いやる気持ち』『優しい気持ち』『ありがとうの気持ち』など3つの要素がチームワークを通して身につくことが大切だと思っています。ITがこれから益々発展しても、人間にしかできないことがあり、土台作りが小学生と考えられます」。

小プロには、このような理想があるのです。しかし、実際には、小学校でプログラミング教育が必須でも、教える人が不足しているのが現状です。そこで、小学生にプログラミング教育を実施し、「ITの意識を変えたい」という思いで、情報科学専門学校の学生23名が立ち上がりました。

現在は、目まぐるしい時代の変化に対応していかなければなりません。そして、「課題解決能力」が必要になってきます。そこで、小学校の先生方や企業や団体の方々など多くの協力を得て、小プロがスタートしました。

小プロのワークショップはアイスブレイク、レクチャー、プラクティス、プレゼンテーションという、4つの工程に分かれています。

(1)アイスブレイク

3人の小学生に対して、学生がサポートに入ります。参加する小学生は、初めて会うお兄さん・お姉さんに緊張してしまいます。ITの楽しさを感じてもらうためには、緊張や不安を取り除くことが重要となります。そこで学生は自分の愛称を伝え、小学生から気軽に呼んでもらいます。また学生は、小学生の名前を呼ぶことにしています。そうすることで、お互いが打ち解けることができます。

(2)レクチャー

次に前に立ってレクチャーを行います。予備知識がなくてはできません。小学生にとって分かりやすいように図や動画を使い、ロボットやプログラミングの最低限の知識を伝えます。さらに、「能動的学習」を促します。また小学生がイメージしやすいように、世の中で活躍しているロボットを紹介して、ロボットで多くの問題解決がされていることを認識してもらいます。

(3)プラクティス

小学生が自ら教科書を読んで、ロボット製作を進めていきます。小学生同士で協力しながらロボットを組み立て、プログラミングし、ロボットを動かしていきます。ただ、実際に小学生同士でロボットを動かしていくことは困難なため、学生たちが小学生のアイデアを実現するために技術的にアドバイスして、サポートしていきます。その中で、小学生の「能動的学習」を実現し、ロボットやプログラミングの楽しさを実感してもらいます。

(4)プレゼンテーション

小学生が身の回りにある課題を、ロボットによって解決するアイデアを考えます。そのアイデアに沿ったロボットを、自分たちで製作し発表します。ここでは、自分たちが設定した課題に対して解決する能力を身につけてもらうことが目的です。また、発表を通じて、周りの人々に認めてもらい、「自尊心やチャレンジ精神」を高めてもらいます。

教材作り

小学生プログラミング教育を実現するためにやってきたこと

学生たちは「やらされる」という感覚が、ＩＴを学ぶことを邪魔をすると考えていました。そこで子どもたちで学べるワークショップ作りを意識しました。そのために、教材作り・技術勉強会・サポート勉強会を行いました。

(1)教材作り

まず、プラクティスで扱うロボットの教材を学生たちで作製しました。順を追ってロボットを作製するだけで、課題解決を体感できるような工夫をしました。また子どもたちのために難しい漢字の使用を避け、写真を見て感覚的に作れるようにしました。そのため、実際に初心者の人にこの教材を使ってもらい、改善を重ねました。

技術勉強会

(2)技術勉強会

次に、技術勉強会の実施です。ロボットを作っているとき、エラーが起きてロボットが動かなくなってしまうことがあります。このようなときには、子どもたちの学ぶ意欲を低下させないように、アドバイスを素早く行う必要があります。そのため勉強会を行い、技術を身につけてきました。たとえば、間違いやすい点をみんなで共有してきました。そのおかげで、本番では子どもたちに素早く的確なアドバイスができるようになりました。ロボットが動くようになった時の笑顔を見て、楽しんで学んでくれていることを実感できました。

(3)サポート勉強会

最後は、サポート勉強会です。不安を感じていると、ITを学ぶ楽しさにはつながりません。そのため、子どもたちとの接し方を身につける勉強会を行いました。ま

小学生に笑顔でサポートする学生

た、不安そうにしている小学生には、名前を呼び、目線を合わせ、常に笑顔で接するようにしました。小学生は、緊張もほぐれ笑顔で話してくれるようになり、グループ内でも協力してロボットを完成させることができました。

このようにワークショップを運営する度に、企画会議や運営、反省会や勉強会を繰り返しました。全員に興味をもってもらえるように、一人一人の性格を見て、メンバーは、小学生をサポートするように実施してきました。興味のある子には、具体的な解決する課題を見つけてやり、成長につなげるようにしました。興味が湧かない子には、無理をしないで楽しんでもらい、ひとつできたことを褒め、自尊心を養ってもらいました。次につながるように、小学生に常に楽しんでもらうことを心がけています。

岩チャレ発表から、数カ月がたった後、小プロのメンバー結城真菜さんと廊下ですれ違いました。「結城ちゃん、そ

休み時間に小学生と話す学生

ういえば岩チャレの賞金60万はどうしたの?」と聞くと、結城さんは「あの賞金でプログラミング学習キットを買うってみんなで決めているんだ。分けても、ひとり3万ぐらいにしかならないから、子どもたちが楽しくロボットを作れるように学習キットを買うんだ」と元気よく言いました。筆者は60万のプログラミング学習キットとは、どんな物なのだろうと興味が湧いてきました。

また、筆者自身、実際に小プロに同行し、見学する機会がありました。小学校の最寄りの駅に集合した学生は、約束した時間には揃って、談笑しています。そして、授業がスタートしました。皆でお揃いのTシャツを着て、アイスブレイクで自己紹介や自らの愛称を伝える学生は楽しそうです。小学生はワイワイと集中しながら、講義に引き込まれていきます。

筆者は小学生の楽しそうな笑顔は、新聞やタウン誌の掲載された写真などを見ていましたので、予想していましたが、大きく目を見張ったのは、教えている学生たちの表情です。学生と同じ目線になるようにしゃがみ、笑顔で一生懸命に話しています。「この子こんなに積極的だったかな、こんなに笑顔だったかな」と思いました。さらに休み時間には、以前講座を受けた小学生たちが遊びに来て、ある学生を「かがみ」と愛称で呼んで楽しそうに話しています。

どうして、このように小学生は楽しく学び、教える学生は生き生きしているのでしょうか。そこで、筆者は岩チャレで発表を担当し、小プロのリーダーとして活躍した近藤景太さんに、その理由を教えてもらうために、インタビューをさせてもらいました。

小プロのスタート

小プロの初代リーダーを務めた近藤さん(愛称はジャスミン)は、中高生のころから、人を救いたい、人を助けたいという思いが強かったそうです。もともと大学の薬学部で医療の仕事を目指して勉強していましたが、「もっと密接なコミュニケーション」を取れる仕事を目指して進路変更しました。そして、さまざまな人たちから話を聞く中で、ＩＴがこれからも注目されることを知りました。当時は、スマートフォンが普及し始めたころであり、何か未知なもの扱っている感覚がありました。「もしスマートフォンに何か問題があったり、個人情報を奪われたりしたらどうだろう。今までアニメやテレビの中の世界だったことが、いよいよ本格的に身近になってきたのだ。また、きっと人の生命に関わったりすることも、世の中起きてくるだろう」と考えました。そこで、直接自分の手で何かできるのではないかと、ＩＴの中でも、情報セキュリティを学ぼうと決め情報科学専門学校へ入学したのです。

入学当初は、ＩＴの知識やパソコンの操作も不十分でした。そのため、人差し指でパソコンを打っていたほどでした。だからこそ、学びたい意欲が出てきました。しっかり資格取得・ＩＴの基礎を身につけることに重点を置くことにしました。

学校にはコンテストに出場する学生も多くいます。近藤さんは「技術力を高めたいと思ってこの学校に入ったことは間違いなかったのです。ただ、僕がやりたかったことは、人とのコミュニケーションの中で、人の助けになることだったのです」と語りました。

2年生の初めに東京の会社主催で、インターンシップの募集がありました。大学生と専門生が、全国の中高生を対象に、夏休みと冬休みに「5日間のプログラミング教育」というプログラミングを教えるという内容です。高い倍率の企業の面接を突破し、2～3回参加することができました。そこでは、中高生と仲良くなるコミュニケーションスキルを学びました。

インターンシップが一段落した2年生の夏に、鈴木先生に「小学生にプログラミングを教える活動があるけどやらないか」と誘われました。近藤さんは「身につけたノウハウをどっぷりと使わせてください」とお願いしました。しかし、メンバーは先生に呼ばれて集まった人が大半でした。近藤さんが小プロへの熱い思いを語っても、みんなキョトンとしていて、「こいつ何を言っているのか？」といった反応でした。「小学生にプログラミングを教えたいとやる気があるわけではなかったですね」と、近藤さんは当時を振り返ります。

活動内容自体は決まっていたので、各自に分担し、「こうしたらこうなるのだよ」と理論的に説明しました。その後、一人一人に、延々と自らの思いを、帰りの電車などで伝えました。自分と相手の考えは多少のズレがあるため、自分の思いを知ってもらおうと努力しました。その結果、だんだんとみんなの意志が統一されていくことを感じました。当時のメンバーには「近藤君は、熱く、話が長い」とよく言われます、と照れながら答えてくれました。

活動も3回くらい続くと、「近藤君の言っていることが理解できた」とメンバーに言ってもらうことができました。また、実際にやってみると、子どもたちとの接し方が難しく、メンバーで次の日に振り返り、感じたことや思ったことを話し合い、課題を発見し、解決して次に進むようにしました。

小学生とハイタッチをする学生

そして、メンバー個人を褒め、モチベーションを高めるようにしました。また、小学生に「教える」ことが、子どもたちの楽しさを無くしてしまうと考え、教えられるの「られる」をなくすように心がけました。自分たちを先生と友たちの中間ぐらいと考えるようにしました。この立ち位置を「メンター」と呼び、メンバーで意識を統一できるように「メンターの心得」10カ条も作成しました。

ワークショップを続けるうちに、メンバー全員が、この行動を通して能動的に変わっていきました。近藤さんは、「学校での環境は受け身で、自分たちで自発的に動くことが大切だ。この活動は楽しいだけではない、自分で考えて実践してほしい」と感じるようになりました。

小学生からは「楽しかった、お姉ちゃんお兄ちゃんと遊べた」という感想をもらうことができました。このような言葉がやりがいになり、ワークショップの準備が夜9時までかかることもありましたが、メンバー全員で目的を達成することができました。

また、当時、横浜では、小プロのような活動を実施しているところが、ほとんどありませんでした。横浜のような大都市で実施できたことに意義があるでしょう。メンバーには、横浜でやっているという喜びもありました。また、この活動を広めたいと考えるメンバーからの、母校の小学校で実施したいといった提案につながっていきました。

そこで、次に、メンバーの母校の小学校での取り組みを紹介します。

メンター教育と母校で実施したプログラミング教育

五十嵐湧也さん（愛称はいがちゃん）は1年生の10月ごろに、小プロに参加しました。以前から小学校の校長先生とは顔見知りでしたので、直接「プログラミング教育はどうですか」と聞いてみたそうです。その後、校長先生に対して、鈴木先生と説明に行きました。そして、鈴木先生に一任された後は、一人で、学年主任の先生と打ち合わせをして、メンバーと一緒に、先生たちに対して模擬授業を実施してから、小学生に授業をしました。このように、小プロの実施をこの学校での校長先生が賛成してくれたとはいえ、実施に至るまでには学生たちの努力があったのです。母校には妹も在籍しているため、妹には「何しにくるの」と言われたそうです。

小プロは、毎回メンバーが違うので、経験の蓄積に差が出てきます。そこで「メンター」教育が大切になってきます。「メンターの心得」を参考に、表情を暗くしない、子どもたちに目線を合わせる、体全体で表現する、気配りができるなど、ということに留意してもらいます。

小学生に接するときは、相手の反応を見ることを大切にしています。相手によって対応を変えることが大切、と考えています。また、メンターがつまらない表情をしていたら、小学生たちが「僕たちといるとつまらないのか」と思ってしまいます。そのためにもその時の一瞬の小学生の表情を見逃さないことも重要です。さらに、小学生の会話を拾うこと、否定をしないこと、を心がけます。

また、以前、小学生同士が悪ふざけをして泣いてしまうことがありました。その時は、なぜそのようなことになってしまったのかを考え、自由にさせるだけでなく注意することも必要と反省しました。メンターをした時の反省会や振り返りは重要で、次の機会に生かすことが重要です。

母校では、2日間にわたり小プロを実施しました。終了後の子どもたちの反応も良く、小学校の校長先生には、「生徒に自尊心が芽生えた。自信を持ち自分の意見が言えるようになった。協調性や主体性が特に芽生えた」と言ってもらうことができました。

小学生が作製したロボット

母親の友人からは「何で5年生だけに実施するの」「他の学年ではやらないの」と言われたほど、好評だったようです。また、これらの活動は、PTAが発行している広報誌に掲載されました。広報誌の中で五十嵐さんは小学生に「みんなで力を合わせる経験を大切にしてほしい」というメッセージを伝えました。楽しい授業の思い出と共に、小学生の心に響いているのではないでしょうか。

なお、ページ上部の写真は、岩チャレで優勝した60万円の賞金で購入した、プログラミング学習キットによって作製されたカラフルな色のロボットです。かわいいですね。

コミュニケーション力が身につくプログラミング教育

もう社会人になっている森光一さん（愛称はもりこ）も、母校で小プロを実施しました。母親が学校地域コーディネーターでキッズクラブの先生をしていたこともあり、「うちの学校でやったら面白い」と、校長先生に話してくれたそうです。そして校長先生も「面白い」と賛成してくれ、岩崎学園と小学校の連携のため小学校の先生たちと進め方を相談しながら、自分たちの機材（ロボット）を使い、オリジナルで実施できたそうです。またその時の気持ちを「凄く嬉しかったです」と話してくれました。

自分たちと小学生とは、10歳ほどの年の差があります。そのため、伝わる言葉と伝わらない言葉があり、コミュニケーションは簡単ではありません。「分からない人にどのように伝えるか、いかにかみくだいて説明できるか」といったことに留意して進めました。小学生に対して、近所のお兄ちゃんという心構えで接することにしました。

自分たちの身長は１６０cm以上で、小学生は１２０cm前後になります。だいたい30cmくらいの差があるわけです。体格差が理由で圧迫することのないように、特に小学生たちに目線を合わせるように気をつけていました。立って教えていると圧迫感があるので、腰を折って目線を合わせ、小学生たちにとって、話しやすい「お兄さん」になることを心がけました。

森さんは、サブリーダーとして記録写真を撮っていましたので、ワークショップ中に全体を見ることができました。小学生を直接教えることは少なかったのですが、小学生が名前を覚えてくれ「もりこ」と呼んでくれました。再びその学校に行くことがあると、小学生が「あ！」と叫びながら近づいてきて、「もりこだ！」と言ってくれることがありました。

小プロでは、小学生が班単位で活動するので、協力し合うことの大切さや折衝力、発言する力が身につくではないかと、森さんは考えています。森さん自身が社会人になった今思うことは、これらの力が社会人にとっても重要だ、ということです。

小プロの活動はメンバー自身のコミュニケーション力も向上させました。森さんは、就職活動の前にこの活動を始めたので、就職活動に臨む上での自信につながりました。実際に採用面接の際には、この活動で培った、人に伝える能力が役に立ちました。具体的には、自分の持っている知識を知らない人に伝えるときに、その人に合わせてかみくだく必要があるのです。小プロでは、かみくだく力を、試行錯誤しながらメンバーが身につけていくことができました。

カメラのレンズを通して、多くの小学生の喜んでいる姿や笑顔を見たとき、森さんは充実感を覚えました。森さんは、メンバーが、子どもたちを楽しませようとしている姿を客観的に見ることができたのは、本当に貴重な体験だったと思っています。

また、小プロの後輩が自分の会社に入社してきたことがありました。たまたま研修を見学する機会がありました。後輩はＩＴの未経験者に対して、丁寧に分かるまで、分かりやすく教える工夫をしていました。その状況を見て、小プロの価値を再確認することができました。

小プロを母親は、「いい活動をしているね」と言ってくれました。自分が通っていた小学校は卒業

小学生と一緒にドローンを操作するメンター

しても愛着がありましたが、10年前の自分は、母校の小学生の前に立つことは考えていませんでした。改めて母校で活動したときに、森さんはとても感動しました。筆者が、「もりこの姿を見て、小学生が自分もお兄さんになったら、母校に教えに来たいと思ってくれたらいいね」と伝えると、そう思ってくれると嬉しいですねと、森さんは照れて笑っていました。

最後に

小プロの活動では、「小学生たちが自尊心を身につけた」という言葉を、たびたび聞きました。自尊心とは、ありのままの自分を認めてあげることです。現代の若者は周りや他人の評価が気になり、なかなか自尊心は育ちにくいのではないでしょうか[6]。だからこそ、小学生に「できる！」「できた！」などの自信や達成感を持たせることが重要になってきます。自尊心が強い子供は何事にもチャレンジできる強い心を持つ子に育つと言われています[7]。小プロはＩＴ教育だけなく、自尊心の育成にもつながっていたのです。

さらに小プロでは、活動に携わっている学生たちが、使命感をもって能動的に振る舞えるように成長していきました。周りを巻き込みながら、自ら成長できる場を開拓し、実施していける力を身につけていくことができたのです。筆者が当初疑問に思った、学生たちの頑張りの理由は、小学生へのＩＴ教育を通して「自らも成長できる」と感じるからではないでしょうか。

23名からスタートした小プロのメンバーも、現在１１０名程になりました。教えた小中学生は約２５００人になりました。２０２０年になり小学校でプログラミング教育が必修化された後も、次のステップとして、小プロの可能性は広がっていきそうです。

なぜ小プロは、地域としての横浜市に根付いたのでしょうか。それは、学生が主体的に実施する取り組みであり、その学生たちが、自分を育ててくれた横浜という地域に恩返ししたいという気持ちがあったからでしょう。地域とつながることができるのは、大人だけではありません。学生にも、大人を巻き込みながら、地域とつながっていく、大きな可能性があるのです。そして、ＩＴへの高い意識をもった小学生が成長していくことによって、横浜も活性化されていくことと考えます。

注釈・文献

1 ２０１６年度　岩崎学園教育成果発表会（横浜・国立大ホールで実施）
2 学校法人 岩崎学園（１９８９）『Haruko Iwasaki photo essay & biography of Haruko Iwasaki』
3 学校法人 岩崎学園（２００８）『80th ANNIVERSARY　IWSAKI GAKUEN 学校法人 岩崎学園80周年記念誌』
4 ２０１６年度　岩崎学園教育成果発表会（横浜・国立大ホールで実施）
5 文部科学省（２０１８）『小学校プログラミング教育の手引』（第二版）
6 古荘純一（２００９）『日本の子どもの自尊感情はなぜ低いのか』光文社
7 ウーマンエキサイト https://woman.excite.co.jp/feature/child/child_self_esteem/（２０１９年7月15日アクセス）

第7章 地域のシニア雇用の広がり：岐阜県中津川市（岸田 泰則）

新聞に折り込まれた加藤製作所の求人広告

「意欲のある人求めます。男女問わず。ただし年齢制限あり。60歳以上の方」。日本一の高齢者雇用企業の躍進は、このような求人広告から始まりました。これは、岐阜県中津川市の加藤製作所が、２０１１年に60歳以上のシニアの新規採用を開始した時の新聞折り込みの求人広告コピーです。この求人広告には、もうひとつ、「土曜・日曜は、わしらのウイークディ」というキャッチコピーがありました。当時、加藤製作所は、殺到する注文に対処するために土曜・日曜に高齢者だけで工場を稼働することを試みました。このキャッチコピーは、そのためのシニアの求人広告でした。傍目から見ると無謀にも映る試みともいえるかもしれませんが、その後20年近い月日が経ちましたが、今や、加藤製作所ではシニア雇用がなくてはならない存在として組織に根付き、地域雇用に貢献しています。

また、加藤製作所が「日本一の高齢者雇用企業」を名乗る理由は、シニアによる土曜・日曜の工場稼働だけに求められるものではありません。加藤製作所はその後、地域でのシニア雇用の重要性をことあるごとに訴え、加藤製作所の社長の加藤景司さんが所属する学びのネットワークを介して、地域の企業へもシニア雇用のノウハウが流布することになりました。この章では、加藤製作所が地域でシニア雇用を始め定着していく、そして他の企業へも流布していく過程をお話しします。

この章では、住民が、その地域の特徴である学びのネットワークを介して、より密接に地域とつながっていく姿を示します。地域とつながる要素として、住民たちの自発的な学びのネットワークが大きな役割を果たしたのです。

中津川との出会い

筆者と中津川との出会いは、２０１２年に遡ります。２０１２年の初夏のことでした。和光大学の教授である加藤巌さんが、「あなたの研究テーマのシニア雇用にぴったりの会社を知っているから、今度一緒に行きましょう」と声をかけてくれたことがきっかけでした。その会社が、加藤製作所でありました。加藤巌さんは、和光大学に奉職される前は中津川市にキャンパスを置く中京学院大学に奉職しており、そのころ、加藤製作所の社長の加藤景司さんとのお付き合いがあったとのことでした。実際に加藤製作所を訪問したのは、その年の11月11日になっていました。中津川を取り巻く恵那山や高峰山の山並みは雄大でした。中津川は都心よりも寒く、北国生まれの筆者の目には、これから冬を迎える山々の風情を感じることができました。その日、会議室でお会いした加藤景司さんは、満面の笑顔でした。そして、丁寧な話しぶり、その誠実な人柄に魅了されていきました。

この時、同行していた経営コンサルタントの清水洋美さんの紹介で、同じ中津川市で「ちこり村」を展開するサラダコスモの社長の中田智洋さんからも話しをお聞きする機会にも恵まれました。清水洋美さんが、「中津川に行くなら、サラダコスモに行かない手はないわ。ちこり村は楽しいところよ」

中津川の風景

と教えてくれたのです。確かに、そのとおりでした。中田智洋さんの仏教経営の心、地域と農業に対する熱い思い、その気宇壮大な発想に度肝を抜かれたことを今でも鮮明に覚えています。

そして、中津川から都内への帰路、とても興奮していたことも思い出します。「2012年11月11日という日は、お二人の経営者から人間として大切なこと、生き方を学んだ日でもあった」と筆者の日記には書いてあります。そこには、会社員という立場にかまけて、今まで成さずに済ましてきた「地域への貢献」ということに対する贖罪の気持ちもあったように思えます。その後、10回以上中津川を訪れることになりました。そして、中津川への取材を重ねる過程で、理性、良心を磨くことの大切さを学ぶことになります。

中津川の特徴

中津川は江戸時代、中津川宿を中心として形成された宿場町として発展しました。現在の中津川市は町村合併により、中津川宿のほかに落合宿、馬籠宿の3つの旧宿場町を擁する市です。中津川宿は江戸から京都を結ぶ中山道の45番目の宿であり、馬籠宿は、島崎藤村の小説『夜明け前』の舞台となった地域です。落合宿と馬籠宿の間の新茶屋集落には、「是より北は木曽路」の碑があります。中津川は木曽路の玄関であり、『夜明け前』の書き出しの「木曽路はすべて山の中である」の通り、山々に囲まれた地域でもあります。

中津川は、雄大な自然に恵まれた町であるとともに、東西南北に交差する交通の要所にあり、幕末に長州藩が倒幕に突き進むきっかけとなった「中津川会議」でも有名で、歴史や文化の薫りのする町でもあります。中津川宿は、幕末には『夜明け前』のなかでモデルとなった市岡殷政（いちおか・しげまさ）、間秀矩（はざま・ひでのり）など著名な商人を輩出しました。また、俳句の会、和歌の会、文楽の会、地歌舞伎などの多くの地文化が発展し、文化の中心は商人、本陣、脇本陣、庄屋などでした。中津川には、明治時代に地歌舞伎の芝居小屋が60棟もあったそうです。現在でも、「かしも明治座」、「常

かやの木芸術舞踊学園　舞踊ゆきこま会（左）と「ポン太」のポスター（右）

盤座」といった劇場形式の芝居小屋があり、地歌舞伎が盛んです。また、中田智洋さんや加藤景司さんら中津川の経営者は、「かやの木芸術舞踊学園　舞踊ゆきこま会」という子供ミュージカルを支援しています。筆者も、「かやの木芸術舞踊学園　舞踊ゆきこま会」による和太鼓ミュージカル「ポン太」を観劇しましたが、涙が止まらず、終演後も座席を去りがたいほど感動的なミュージカルでした。それもそのはずで、「ポン太」は、国の児童文化財推薦作品として認められた作品です。子供ミュージカル、しかも地域の舞踊団が、「ここまでハイレベルの演技とは」と心底驚きました。

さて、話を本題に戻します。江戸時代の中津川宿は、「人が行き交うばかりではなく、人に伴って情報もまた行き交う。そして街道に設けられた宿駅には人が留まるだけでなく、情報もまた留まる[1]」という状況であり、この伝統が現在も連綿と息づいています。加藤景司さんは「人を大事にする風土が中津川の特徴」と指摘します。この中津川の「人を大事にする風土」が、中津川の知に対するオープン性を育むことにつながっています。中津川市中山道歴史資料館の館長である安藤嘉之さんから、こうした歴史の詳細をお聞きしました。それによれば、後述する現代の中津川における学びのネットワークは、幕末から維新へかけての中津川宿の商人たちによる平田国学、自由民権運動、あるいは俳句の会などのさまざまな学びの場の流れを汲んだものなのです。では、このような歴史や文化の薫りのする町で、地域のシニア雇用が、なぜ、そしてどのようにして拡大していったのでしょうか。次の節から、そのあたりのことについてお話しします。

中津川でのシニア雇用の始まり

２０００年当初、加藤製作所の加藤景司さんは21世紀クラブ（恵那市を拠点とする経営者の勉強会組織）の講演会、あるいは中津川商工会議所の勉強会に参加していました。また、中京学院大学では、中津川市の産業振興課からの働きかけにより東濃地域総合研究所を設置し、中津川市からの委託調査研究を受託していました。そのような背景のなか、中京学院大学から中津川商工会議所や経営者の集まりへ講演の講師を派遣することも多かったそうです。そのため、当時、ある講演の講師を務めた中京学院大学経営学部の助（准）教授であった加藤巌さんと、加藤景司さんとの交友が始まりました。

当時、加藤製作所では注文が殺到し、かつ低価格と短納期を求められることが多い状況にありました。そのため加藤製作所では、いかに利益を上げるか、ということが課題となっていました。加藤景司さんは交友のあった加藤巌さんにどうやったら利益を上げられるかについて相談しました。加藤巌さんは、「利益を上げるにはコストを減らすか売上を増やすかの2つの方法しかない。コストの大部分を占める人件費は固定費であり、（その人件費を）減らすことができないのであれば、コストを減らすのは難しい。そうなると、あとは売上を増やすことであるが、売上を増やすには工場の稼働率を上げるしかない」と助言しました。加藤製作所の経営会議では、工場の稼働率を上げるために、週末に工場を稼働させることを決めました。しかし、誰が週末に工場を稼働させるのか、ということが大きなハードルになりました。また、パートを雇用しようにも中津川では週末に働くパート社員が集まらないという問題がありました。「パートを主婦・主夫に限定して考えてはいけないが、やはりパートで多いのは主婦・主夫層であり、その主婦・主夫層は週末には家庭でやることが多い。だから、中津川では、週末にパート社員が集まらない」と加藤景司さんは当時の状況を語っています。

そのような折、中津川市が中京学院大学に委託したシニアの意識調査の結果、働きたいが、働く場のないシニアが中津川市には１０００人ほどいることが判明しました。ちょうどその調査を担当していた加藤巌さんが調査報告書を真っ先に加藤景司さんに持ち込みました。加藤巌さんは、その当時のことを「この調査報告書は加藤景司さんにきっと役に立つだろうと思ったのです」と回想しています。加藤景司さんは、その調査報告書にヒントを得て、シニアが主体となって週末に稼働する工場のコンビニエンスストア化を実行に移すことになりました。２００１年2月22日に「土曜、日曜は、わしらのウイークディ」というキャッチコピーで新聞折り込みの求人広告を出した結果、１００名の応募があり面接の結果15名のシニアを採用することになったわけです。加藤製作所では、現在週末の工場稼働を停止していますが、シニア雇用そのものはその後促進されています。今では従業員１１４名の半数56名が60歳以上のシニア社員で占められています。加藤景司さんは「週末にパートが集まらないために高齢者に活路を見いだしたまで」と語っています。当初は高齢者雇用を促進することが主目的ではなかったのですが、現在ではサラダコスモをはじめ数社に、その高齢者雇用のノウハウが伝播しています。筆者は加藤景司さんが某社へ高齢者雇用のノウハウを説明する現場に立ち会いました。惜しみなくオープンにシニア雇用のノウハウを開示し、シニア雇用の重要性を熱心に訴えている加藤景司さんの姿が印象的でした。

ちこり村

中津川でのシニア雇用の広がり

サラダコスモはスプラウト野菜の生産を行うとともに、教育・観光型生産施設「ちこり村」の運営を手がけています。サラダコスモでは、日本で初めて西洋野菜「ちこり」の大規模水耕栽培生産に成功しました。さらには、ちこりを原料にちこり焼酎を生産しています。そして、「ちこり村」事業に携わる従業員約90名のうち約半数がシニア社員で占められております。サラダコスモの社長の中田智洋さんは「日本の農業の元気、高齢者の元気、地元の元気」の「3つの元気」の実現を目指しており、シニア雇用を積極的に展開しています。

ちこり村で高齢者雇用を実施した経緯について、中田智洋さんは、「高齢者雇用に関しては、なんでやる気になったかというと、私も大変親しくさせていただいている中津川の会

ちこり村

社で、私よりも3、4年前に高齢者雇用に取り組んだ会社があったのです。加藤製作所さんです。加藤製作所さんはいいね。働く人も喜んでいるみたいだね。加藤さんによれば、中津川市が独自の調査で、60歳以上で健康なのに、定まった仕事のない人が50％いたというのですよ」と語ってくれました。その結果、「ちこり村は社会的問題解決事業。高齢者雇用についても解決しよう。ちこり作りの畑作や、ちこり焼酎づくり、ちこり村のなかの売店やレストランや案内や、さまざまな仕事でシニアに活躍いただこう」ということになったのです。その当時のことを、ちこり村支配人の宮川真一さんは、「中田社長の思いは、ちこりの普及がうまくいった時に会社だけじゃなくて地域全体が良くなっているといいな、ということ。中津川は60歳以上の方の割合が10人中４人を超えている町です。中田社長は、みんな、仕事もないしやることがないので年金を握りしめてパチンコ屋さんに向かっちゃう所なので、人口に対するパチンコ屋さんの比率が日本一の町だ、そんな不名誉なことがあるかって、言うのです。日本全国でも医療費の税負担が問題になっているので、元気なうちは働いてもらえるような場所を作ろうよって。そうすると働く人は健康でいてくれるから医療費の税負担が減ればその分、新しいところで、どうせだったら使った方がいいじゃん。そういうものを中津川から全国に向けて発信していこう。どうせ、ちこりの普及だけでも大変なことだから、大変なことがうまくいったときには全部解決しているといいよね。だから、シニア雇用を一緒にやっちゃおうよ。そんなことを中田社長は昔おっしゃっていました」と熱く語りました。

中津川から外へ広がるシニア雇用

中津川で始まったシニア雇用は、その後、岐阜県多治見市のタクシー・バス会社のコミュニティタクシーへ、そして県外の石川県金沢市の食品加工業のオハラへも広がりました。コミュニティタクシーの会長の岩村龍一さんは、創業の２００３年当初からシニア雇用を推進しようと考えていました。そのような折、岩村さんは、岐阜県倫理法人会の会合で加藤景司さんと顔を合わせる機会に恵まれ、シ

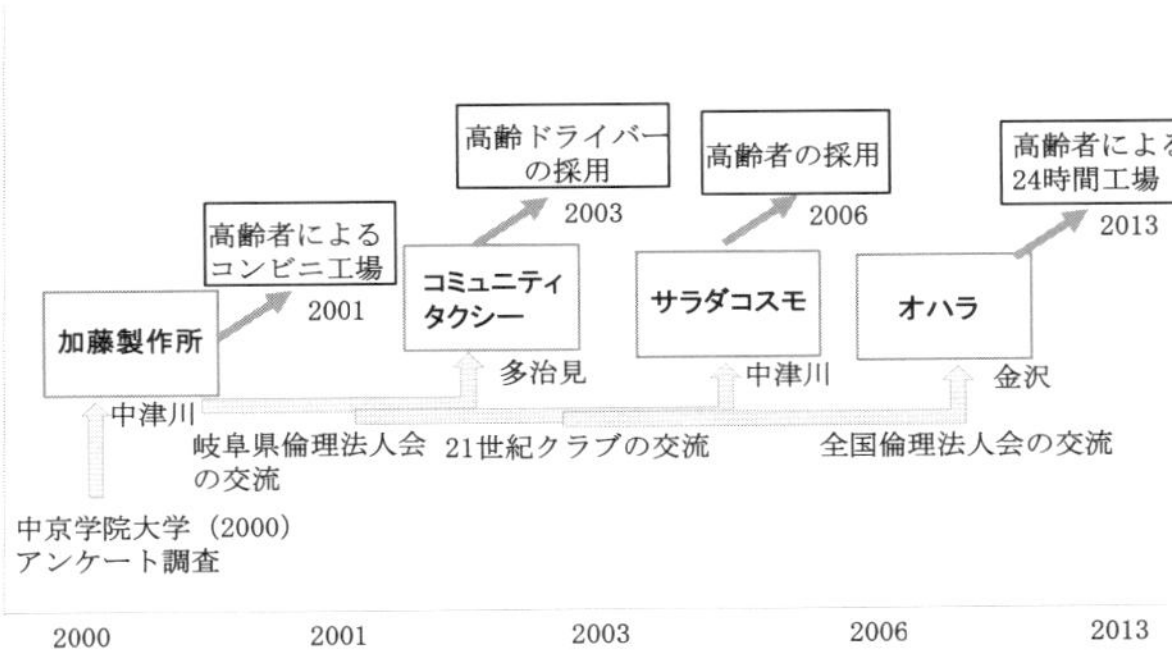

図1:「中津川を起点としたシニア雇用の伝播」
出所：岸田泰則(2019)「高齢者雇用促進のソーシャル・イノベーションに関する事例研究」『イノベーション・マネジメント』No.16(法政大学)p.147

ニア雇用についての情報交換を行ったそうです。コミュニティタクシーの求人広告については、加藤景司さんから広告代理店を紹介してもらい、加藤製作所のキャッチコピーの「ただし年齢制限あり、60歳以上の方」を使用することになりました。

一方、オハラの社長の小原繁さんは、加藤景司さんとは倫理法人会の全国の会合で顔を合わせる間柄であったそうです。小原さんは当時新事業立ち上げによる生産量拡大に対し工場稼働が追いつかない状況に頭を悩ませていました。そんな時、加藤景司さんの著作[2]に刺激を受け、シニアのパートによる工場の早朝稼働を開始しました。この工場の早朝稼働は、もっとも忙しい時期には24時間稼働に近いものになり、シニア社員が貴重な戦力になっています。小原さんによるとシニアを新規採用するのには、ハローワークやネット広告よりも、新聞折り込み求人広告が効果的だったそうです。この

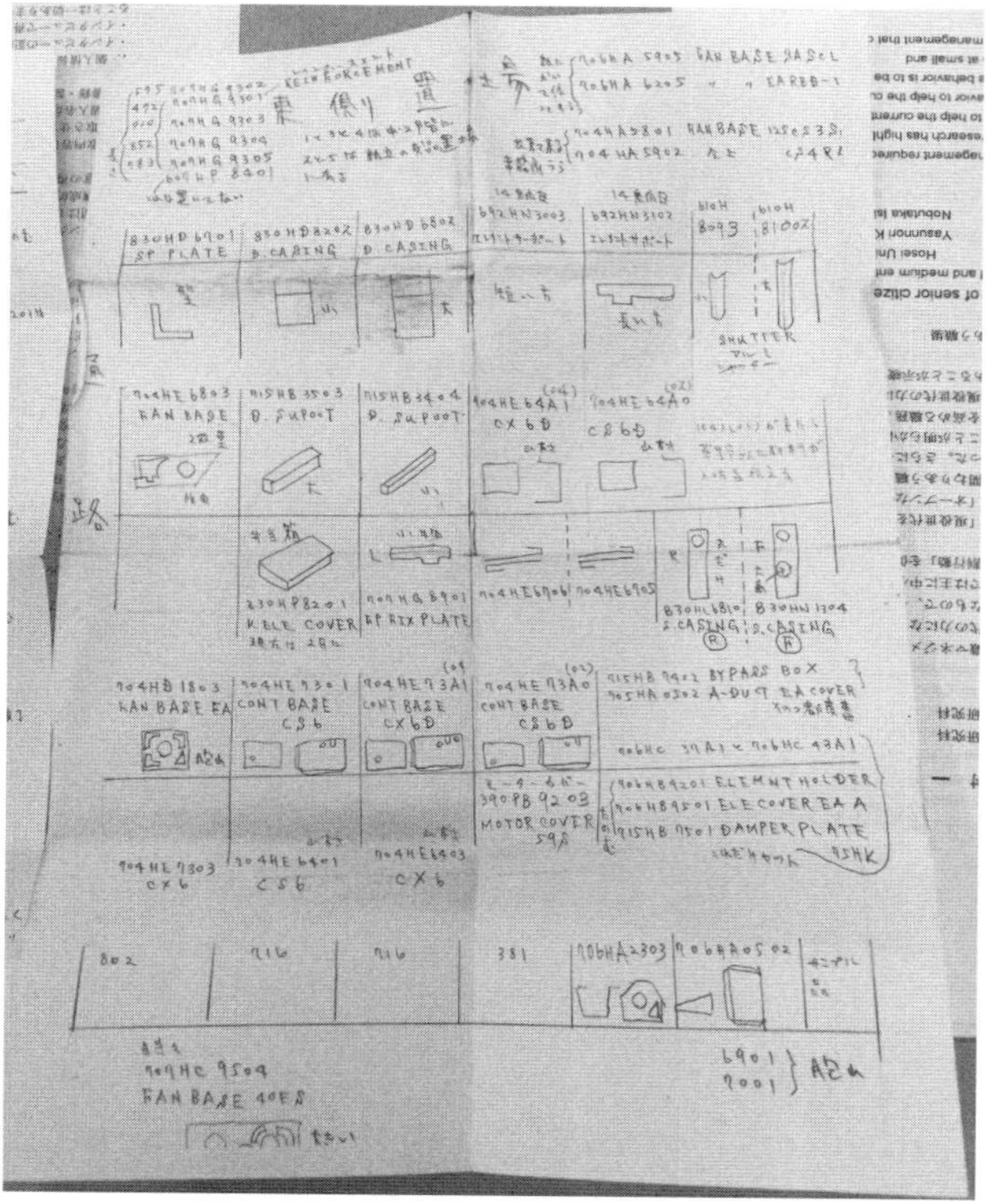

Aさんの手づくりマニュアル

新聞折り込み求人広告については、小原さんが加藤製作所を訪問した際に教わったものだそうです。

中津川で働くシニア

さて、ここまでの説明で中津川を起点としたシニア雇用が拡大していったことはご理解いただけたことと思います。では、実際に、中津川で働くシニアはどのような思いで働いているのでしょうか。加藤製作所で製品出荷を担当しているAさん（男性）は、66歳になって加藤製作所に入社しました。当初Aさんは、仕事がうまくできず、仕事の手順を覚えられずに困っていました。そこで、昼休みや空いた時間に自ら仕事のマニュアル（手順書）を作成し始めたそうです。2年経って、「たくさん手順書を作って、最近になって、手順書をあまり見なくてもよくなりました」と笑って話されました。Aさんは加藤製作所へ入社する前までは、中津川から名古屋へ片道1時間15分の距離を電車通勤していたそうです。68歳になったAさんは、「辞めてくれと言われなきゃ、自分が健康であれば、勤めを継続してもいいのかなと思っています。時給はそれなりに、自分の小遣いにはなるのかな」と現在の気持ちも話してくれました。

72歳で加藤製作所に入社して1カ月経ったBさん（男性）は、プレス課に配属され、技能トレーニングを受けていました。Bさんによると、今の仕事は前職とは全く違う仕事で、「全く、ずぶの素人。初めてです」と語っていました。17人いるプレス課のメンバーをBさんは「非常にフレンドリーで紳士的ですね。だから、ものすごくやりやすいです」と評価していました。Bさんは、中津川の隣町の恵那市に在住しています。以前の勤務先が名古屋にあったため、毎日、恵那から名古屋へ片道55キロの道のりを往復3時間かけて自動車で通勤していたそうです。Bさんは、東濃地域（中津川、恵那の一帯）の自然に囲まれた生活をとても気に入っていましたが、名古屋への通勤は苦痛でした。そのため、中津川の加藤製作所に入社したそうです。「時間が、もったいなくて、時間が。それで、何とかこっち（東濃地域）のご縁がないかと思ったら、ご縁がありまして」とBさんは語っていました。

ちこり村で勤務しているCさん（女性）は、68歳の時にサラダコスモに入社しました。Cさんは、サラダコスモへ入社する前に内職をしていましたが、企業に勤務したのは初めてとのことでした。今や勤務して10年経ったそうです。「ちこり村に来ている時は、生き生き元気がいいんですけど、やっぱり家にいるとねえ、なんかシュンとしちゃいます。ちこり村にいると、いろんな方と、お客さんともお話しできますし、事務所の若い人たちが良くしてくれますので、よくお話しするし、自分の子どものようにお話ししますのでね。ほんとに楽しいです」と、Cさんは、楽しげに話されました。

現役時代、大手電機メーカーで営業をされていたDさん（男性）は、定年後、東京から中津川に帰ってきて、ちこり村で働きだしたそうです。その営業で培った販売センスや人懐っこい笑顔を活用して、ちこり焼酎の販売に貢献しています。Dさんは、持ち前のバイタリティーからか、「気持ちとしては、一生挑戦という気持ちを持っておるのですよ」と誇らしげに語っていたのが印象的でした。

また、中津川の電子部品メーカーで勤務していたEさん（女性）は、61歳でサラダコスモに入社して4年経っています。柔軟な働き方ができる職場に対し、「何か家庭の用事などが入っても、そういう時は、その時に言えば、他の人がフォローしてくださって、代わってくださるので、大変働きやすい職場だな」と語っていました。また、シニアを採用してくれる職場がなかなかない現実を「うん、だからあれですよ、今、この年で使っていただけるだけで（ありがたい）。なかなか働く所ないですよね」と話してくれました。また、65歳になっても働くことについては、「お金も欲しいんですけど、お金の問題じゃなくて（笑）。やっぱりね、家庭のこととか、気持ちの切り替えをしたい時に、今日は仕事があるからって言って、朝、段取り、自分でダーッとやって（家を）出てきて、（職場で）みんなと割と言いたいこと言って、喋れる仲間がいるので、それでうちに帰って、またうちのことで頭を切り替えるというんですか。そういうボケ防止じゃないですけど、ある程度、社会に関わっていると、そういう刺激があるんですね」と感想を話していました。

　ちこり村副支配人の中田澄美香さんは、「年上を敬うということと、みなさんとても人生経験豊かなので、考え方が広いし、物腰も柔らかいので、一緒にいる私たちもすごい勉強になります。やっぱり若手ばっかりでも楽しいんですけども、ちょっとなんていうんですかね、雰囲気がゆったりとした感じにもなれるのかなと思って、みなさん人に対して、とても優しくなっています」と語りました。そして、ちこり村支配人の宮川真一さんは、シニア社員が接客をすることの意義を、「どうせだったら、シニアの方に、地域の文化の良さとかを伝えるようなことに携わってもらえると。何か今までの人生の経験を生かしながら地域の魅力を伝えていく。それが人口減少の中津川の観光という一番垣根の低い所で外部と触れ合いながら、お客様が中津川っていい所だねと思うと、また遊びに来てみようかとかそういうのが広がっていく、それがIターンとかにつながっていけばいいなって考えています」と熱く語っていました。ちこり村では、シニア雇用を始めてから従業員の接客が物腰柔らかいものになりました。あるいは、ちこり村で地域文化を伝承していく、そんなサイクルが回り、それが売り上げにも貢献している様子がうかがえました。

シニア雇用の広がりの背景としての学びのネットワーク

このように、中津川ではシニアが生き生き活躍し、企業の業績にも貢献している様子がうかがえました。では、なぜ、中津川でシニア雇用が広がっていったのでしょうか。筆者は、その答えは、中津川の学びのネットワークにあると考えています。中津川、あるいは近隣の恵那市も含めた東濃地域には、21世紀クラブ、倫理法人会、掃除に学ぶ会といった複数の学びのネットワークが存在しています。これらの学びのネットワークの結節点の位置に、加藤景司さんや中田智洋さんが存在することで、シニア雇用という新たな発見が伝播していきました。加藤製作所でシニア雇用を開始したきっかけは、中津川商工会議所や経営者の集まりでの講演会で加藤景司さんが大学教員の加藤巌さんと知り合ったことがきっかけでした。加藤巌さんは、当時のことを「加藤景司さんは自分のような『よそもの』の若造と分け隔てなく付き合ってくれた。加藤景司さんだけでなく、中津川の経営者はみなさんオープンで親切だった」と回想しています。

中津川をはじめ、東濃地域は生涯教育の盛んな地域です。経営者の集まりといっても、メンバーは経営者だけではありません。たとえば、東濃地域の経営者の勉強会である「21世紀クラブ」の会員は、経営者だけではなく、個人会員として主婦・主夫の方も参加しています。また、中田智洋さんらが中心となり「中津川掃除に学ぶ会」が結成され、中津商業高校などを舞台に掃除研修会が開催されています。掃除に学び精神修養することを伝える活動が展開されているのです。このように、中津川には人に対して分け隔てなく接する風土があります。加藤景司さんも中田智洋さんも、「よそもの」の筆者を温かく歓迎してくれました。お二人には何度も取材させていただき、かつシニア社員の方々にも厚かましく何度も取材をさせていただきました。これには、かつての中津川商人が幕末の「中津川会議」で長州藩士をかばった姿勢に相通じるものがあると言えます。歴史的にも「よそもの」を大事にする地域ですから、シニア雇用のノウハウを惜しみなく他人に与えることができ、その結果シニア雇用が拡大しました。そして、「よそもの」を大事にする地域だから、筆者も歓迎され取材も可能になり、中津川のシニア雇用の真髄に迫ることができました。

また、近隣の恵那市岩村町には、「NPO法人いわむら一斎塾」があります。このNPO法人は岩村藩ゆかりの高名な儒学者である佐藤一斎の教えを学ぶ会であり、経営者層、主婦・主夫層、学生と幅広い層との勉強会や講演会を実施しています。理事長の鈴木隆一さんは高校教師、岩村町教育長を歴任され、1995年に佐藤一斎の研究会を、2005年にはNPO法人いわむら一斎塾を立ち上げました。以来21世紀クラブ、ちこり村、中津川市倫理法人会、小学校から高校、大学などで精力的に講演をこなし、佐藤一斎の『言志四録』の普及に努めています。その結果、中田智洋さんは佐藤一斎に傾倒するようになりました。中田智洋さんは「ちこり村は別名佐藤一斎伝承館」と語り、佐藤一斎の『言志四録』の語録を畳一畳大のパネルにして、ちこり村に掲げ宣伝しています。筆者も取材を通して佐藤一斎のファンになり、毎年、佐藤一斎を顕彰する言志祭の開催母体である「佐藤一斎顕彰会」の会員になりました。佐藤一斎の生涯学習論として、特に名高いのが「三学戒」、すなわち「少くして学べば則ち壮にして為すことあり。壮にして学べば則ち老いて衰えず。老いて学べば則ち死して朽ちず」という理念です。この理念は、現代でも中津川に息づいています。このように、中津川では理念や精神が連綿と受け継がれています。この歴史が連綿と受け継がれていく中津川の風土は、加藤製作所の131本の剣（かたな）にも表れています。加藤製作所は、創業131年を迎えましたが、毎年1月2日に「仕事始め式」と称して、剣を半日かけて打つそうです。剣といっても、矛のようなも

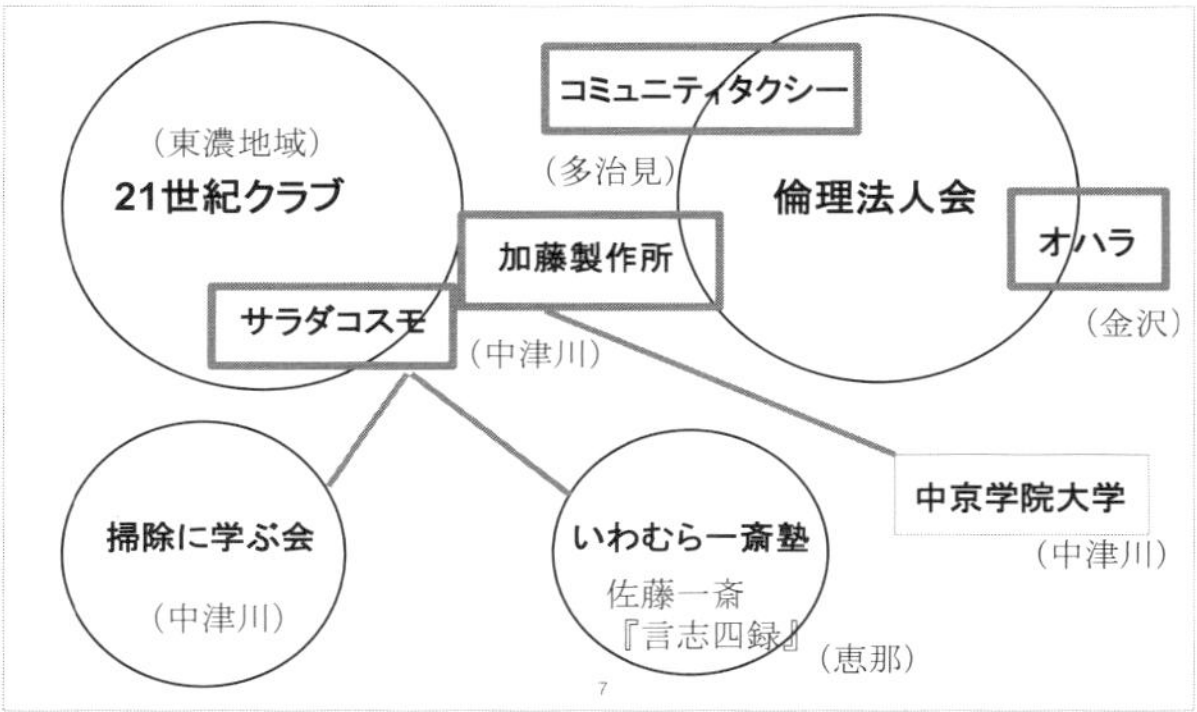

図2:「中津川における学びのネットワーク」
出所：岸田泰則(2019)「高齢者雇用促進のソーシャル・イノベーションに関する事例研究」『イノベーション・マネジメント』No.16(法政大学) p.148

のですが、この剣には毎年年号が打ってあります。加藤製作所では、毎年欠かさずこの儀式を続けていて、その剣が131本になったそうです。これは、創業の鍛冶屋としての精神を伝承していくための儀式です。加藤製作所の経営では「続く」を重視しており、加藤景司さんは、「創業の精神の伝承」、「のれんの蓄積」といった経営の要諦を語ってくれました。

このように、中津川における学びの精神が現代まで連綿と受け継がれたことにより、図2のようなさまざまな学びのネットワークが構築されました。その学びのネットワークが前述のとおりシニア雇用の知見の流布に貢献したものと思われます。筆者は、取材の結果、学びを重視する精神や知に対するオープン性、あるいは「よそもの」への分け隔てない姿勢といった中津川の歴史風土が、複数の学びのネットワークにつながっていったと考えています。そして、その複数の学びのネットワークに加藤景司さんや中田智洋さんのような企業の経営者が身を置くことで、経営者に地域への愛着を深めさせ、地域の社会的課題を認知する機会を与えたものと考えられます。その社会的課題を解決しようとする実践精神もネットワークの中で高揚してきたことでしょう。具体的には、加藤景司さんが、このような複数の学びのネットワークに位置することで、大学教員の加藤巌さんに出会い、そしてシニア雇用の存在を認知するようになったわけです。さらには、加藤景司さんは、シニア雇用を促進する中でその意義や効用への理解を深め、それをネットワークの仲間であった中田智洋さんなど企業の経営者へ伝達しました。その結果として、図1のようにシニア雇用が拡大していくことにつながりました。

最後に

最後に、中津川への取材を通じて学んだ「理性、良心を磨くことの大切さ」について、お話ししましょう。実は、花王の創業者の長瀬富郎は中津川の醸造家の出身です。長瀬富郎が当時の国産石鹸の粗悪品に義憤を感じて、自ら石鹸の製造に乗り出したのが、花王の始まりだそうです。長瀬富郎の『天佑ハ常ニ道ヲ正シテ待ツベシ』の言葉は、加藤景司さんや中田智洋さんに相通じるものがあるように思われます。この言葉が意味するところは、まっすぐで誠実な志です。加藤製作所の玄関前には、仏教詩人の坂村真民の「念ずれば花ひらく」の真言碑があります。中田智洋さんは、事あるごとに「思い続ければ必ず通じる」とおっしゃっておられます。

加藤製作所の玄関の真言碑

また、中田智洋さんが信奉する佐藤一斎の『信を人に取れば、則ち財足らざること無し』（言志後録224条）は中津川の風土を表しているように感じます。人を信じる、あるいは分け隔てなく人に接する中津川の風土が、地域貢献と利益追求を両立する地域型社会的企業を生み、シニア雇用のモデルケースを生み出したといえます。中津川の人を信じる、あるいは分け隔てなく人に接する精神が明治初期に石鹸を世に出したように、現代においてはシニア雇用のモデルケースを生み出しました。中津川を起点としたシニア雇用の特徴は、自社での職務経験のないシニアを新規採用し、育成していった点にあります。たとえば、加藤製作所では、中津川名物「栗きんとん」を作ってきた和菓子職人が60歳を過ぎて入社して、ジェット機の主翼の部品を製作しています。中津川では、シニアに対し扱いに困る人という見方は決してせず、シニアを事業に貢献する人として見て、職業能力開発やシニアとの対話を重ねています。そして、このシニア雇用は1社にとどまらず、4社へ拡大していきました。この中津川モデルの功績は、働きたくても働く場のなかったシニアへ就労の場を提供し、すなわちシニアへ居場所を提供し、さらにエンプロイアビリティ（雇用され得る能力）を育てる場を創出したことにあるでしょう。この中津川モデルは、今後、日本の労働市場の参考となるものであり、またシニア雇用の先進事例と言っても過言ではありません。

では、この章における地域とのつながりとは、どのようなものだったのでしょうか。それは、歴史的な風土を背景として、地域住民にとって、生涯教育の機会が豊富にあった、ということでしょう。経営者、社員、主婦・主夫、学生などの多様な人々が、自由に参加できる生涯教育の機会があったのです。だからこそ、シニア雇用が活性化していったのでしょう。生涯教育こそ、地域のつながりにとって欠かせない要素なのです。

注釈・文献

1 詳しくは、中山道歴史資料保存会（1999）『街道の歴史と文化　創刊号』三野新聞社をご参照ください

2 加藤景司（2013）『「意欲のある人、求めます。ただし60歳以上」―日本一の高齢者雇用企業・加藤製作所、躍進の秘密』PHP研究所

第8章　廃校を活用した人づくり、組織づくり、まちづくり：島田市川根町笹間地区（佐野 有利）

空から見た笹間地区の中心部

２０１８年、総務省から過疎地域自立活性化優良事例として表彰され、全国から注目されている場所があります。静岡県島田市川根町笹間地区です。

静岡県の中西部、島田駅から北へ35㎞。車でおよそ40分。標高２００ｍから５００ｍ。鳥の鳴き声がこだまし、大井川の支流、笹間川のせせらぎが聞こえる山と茶畑に囲まれた場所に、この章の舞台があります。

筆者が川根町とかかわりを持ったのは今から15年ほど前の２００４年です。取材でこの地とかかわりを持つようになりました。平成の大合併といわれた時代、川根町も周辺自治体との合併が検討されていました。しかし合併に反対する声も根強く、町長のリコールに伴う選挙が行われるなど町が割れている状況でした。この章の中心人物として後に登場する元川根町副町長の北島亨さんと筆者が出会ったのもこのころです。大井川に沿って走るＳＬは観光客を集めていましたが、観光ガイドブックがなかったことから、沿線の自治体や北島さんとともに筆者が企画しました。そして地域資源を掘り起こし、地域を見つめ直す中で、大井川流域全体の観光について議論を重ねました。

大井川の支流、笹間川が流れる笹間地区は、家々が山間に点在し10の集落からなっています。７割以上の住民が林業と茶業に従事しています。

茶業は川根町の基幹産業です。静岡茶の歴史は古く、鎌倉時代には、旅の僧侶が現在の静岡市で茶を飲んだ記録があります。また江戸時代、駿府に居住していた徳川家康が茶会を開き、茶を年貢にしたとされています。この歴史には川根町のある人物が大きな役割を果たしていました。伊久美村（現島田市川根町）に住んでいた坂本藤吉です。坂本は煎茶が高値で取引されることを知り、宇治から茶師を招き製法を学びました。そして、お茶作りが盛んになるにつれて川根町に人が集まるようになりました。製法も駿河一体で広まり、全国有数の茶所となりました。

笹間地区は１８８９年に志太郡笹間村、１９５５年に榛原郡川根町笹間となりました。その後平成の大合併の時代を迎え、２００８年には南隣の島田市と合併しました。この合併の背景の１つには人口の減少があります。笹間地区は１９５０年代は１０００人ほどが暮らしていましたが[1]、現在では３２０人余り[2]。高齢化率（65歳以上人口の割合）も6割を超えました。基幹産業である国内林業の低迷、茶の需要の減少に伴う茶の価格の下落による茶産業の低迷で、都市部への人口流出が進みました。また笹間地区は傾斜地であるため茶業の機械化や規模拡大ができず、収益性を高めるのが難しい状況でした。さらに茶農家は後継者もなく、茶農家数と茶園面積は共に減少していきました。過疎化に歯止めがかからず、１年間の出生数は10人を割り込むほどになりました。出生数の減少は、地域の若者の減少につながり、地域活性化の意欲が減退、住民は自信を喪失していきました。

過疎化の中で立ち上がる「なまずや会」

１９９０年ごろ、川根町立笹間小学校へ入学する児童数は10人を下回るようになり、住民の間で笹間小・中学校の存続が危ぶまれるようになりました。

そこで地域の将来に危機感を覚えた地区の有志が立ち上がりました。それは笹間地区に関わる30代から50代の数十人によって誕生した「なまずや会」です。「なまずや」とは「何でも」「まず」「やってみよう」のそれぞれの言葉の文字から取った名前です。そのリーダーが北島さんでした。

北島さんは笹間の出身です。静岡県職員として長く観光行政に携わり、主に東京や静岡で暮らしてきました。そして定年前の55歳で退職し、実家のある笹間に戻ってきました。戻った主な理由は、中山間地の振興に取り組みたいと考えたからです。静岡県で観光の仕事をしていた1980年代から90年代には、観光と地域おこしや地域づくりは別ものという考えが一般的だったといいます。中山間地を活性化したいと思っていた北島さんはこの考えに疑問を抱き、出会ったのが「日本・上流文化圏構想」（以下上流圏構想）でした。上流圏構想は富士川の上流、山梨県早川町が1994年に策定しました。環境と資源を大事にし共生しながら、上流部はそこにある文化に基づいて地域の将来を考えようとするものです。東京への一極集中が進み、地方、中山間地では過疎化が進む中、北島さんはこの構想に触れ、上流部分の1つである中山間地の活性化をやってみたいと思い立ちました。定年まで勤めて年金暮らしをするのではなく、地域活性化を生きがいにし、デスクワークではなく、地域の中で実験してみようという考えに至ったのです。

北島さんをはじめ、なまずや会のメンバーは「笹間が好きだ。このままではいけない、だけど何をしてよいか分からない」という地域の人たちに対して、主に以下のような分かりやすい取り組みを始めました。

・近隣の都市である静岡市の街中で物産展の開催
・地域の歴史や文化の学習、掘り起こし
・ユニークな考え方や実行力のある人を呼び「みんなで話さっかい（話そうかい）」の開催
・山村留学に向けての勉強会
・笹間の特色や産物を生かした都市生活者との交流の催し
・学校の存続

笹間小学校、笹間中学校の廃校と再生

２００４年、川根町教育委員会による笹間小学校と笹間中学校の廃校に向けた検討が始まりました。２００６年６月には川根町役場と笹間の住民によって「笹間地域活性化等促進協議会」が設立されました。校舎と、笹間地域のこれからをどうするのか、学校の存廃と中山間地ならではの難しさが議論のテーマとなりました。

当時、笹間の住民たちは廃校という問題をどう考えたのでしょうか。「廃校は時代の流れで仕方がない」「地域が安楽死の状態になるので、学校がなくなってもいいから地域活性化をやってみよう」

などさまざまでした。その中で行政が外部の有識者を招いて意見を聞いたことは北島さんは失敗だったと感じました。彼らの意見は、学校の存続や笹間の将来について否定的なものばかりで、住民たちのまちづくりの意欲の低下に拍車をかけたからです。

北島さんは当時川根町副町長でもありました。さまざまなまちづくりの議論の中で、北島さんは中山間地に欠けていると感じているものがありました。それはリーダーの存在です。皆で議論してコンセンサスを取りながら妥協するのではなく、目標を高く掲げる強力なリーダーシップが求められているのに、現実には住民の意思をまとめる人がいませんでした。

廃校をめぐり賛成、反対と地域を二分するような議論を積み重ねる中で、次第に住民たちの考えがまとまっていきました。「廃校になるのは仕方がないとしても、高齢化の進んだ笹間では、子どもは活力源になる。何とか子どもたちの元気な声を笹間に残したい」「人と人のつながりを大事にしたい。人が集まる場を残したい」といった思いを募らせていきました。そして出した結論は「負の遺産を貴重な地域資源に」というものでした。

2007年、川根町議会は正式に廃校を決議しました。同時に「青少年の家」としての検討が始まりました。そして小学校校舎は整備後に管理運営を行う組織が必要ということになりました。そこで北島さんは受け皿の組織として「ささま美土里楽舎くれば」を設立しました。「くれば」とは方言で「来

廃校時の笹間小学校の子供たち

てみれば」という意味です。

「くれば」を作るに当たり、北島さんが特に心をくだいたことがあります。それはこれまで議論で生じた住民同士の感情的な対立を取り除くことです。そこで「くれば」をなまずや会の後継組織にせず、あくまで新たな組織として住民から参加者を募りたいと考えました。

２００７年３月、笹間小学校、中学校は廃校となりました。上の写真は廃校時の子どもたちの写真です。習字で書かれた言葉とは裏腹に母校がなくなってしまい、子どもたちは遠く離れ統合された小学校への通学という新生活への不安でいっぱいだったようです。

２００８年４月、川根町は南接する島田市と合併しました。ほどなく都市住民との交流を促進させて

山村都市交流センターささま（筆者撮影）

地域の活性化を目指す「笹間地区活性化計画」を島田市が策定、廃校となった小学校校舎は09年に、宿泊体験交流施設「島田市山村都市交流センターささま」（以下交流センター）となりました。そして交流センターの運営管理は「ささま美土里楽舎くれば」から名を変えた「企業組合くれば」（以下「くれば」）が請け負いました。そして合併で川根町副町長を失職した北島さんが交流センターの館長に就任しました。

大浴場も備え付けられた交流センターは、小学校の施設ができるだけ生かされました。まず小学校の教室は宿泊する部屋に改修され、2段ベッド8人の部屋が7つ、和室の12畳の部屋が2つ、24畳の和室が1つできました。他にも家庭科室が自炊用の調理室がついた食堂に、また図工室が研修室や会議室になり、バスケットゴールがある体育館、ピアノが置かれた音楽室はそ

館長の北島享さん

のままに活用され、運動場は夜間照明施設が備わった多目的広場となりました。

「できない理由は考えない。できることをみんなで一緒に考えよう」

北島さんには組織に対する姿勢、モットーがあります。「できない理由は考えない。できることをみんなで一緒に考えよう」。それは「問題があることも、不十分な点もあるだろうけれど、やるしかない。だからできない理由を言っていてもしょうがない、できることをやろう」という意味です。

北島さんは静岡県の職員時代、そして現在に至るまで周りに提案しても「お金がない」「時間がない」「知恵がない」と言われ、拒否されることが多かったと言います。断る理

休耕地を使ったサツマイモ・野菜等の栽培(右上）と
宿泊者のジャガイモ掘り

由を考えるのではなく、どうすれば実現できるのかを考える。もしリスクが嫌ならば自分が責任を取る。そして、たとえ失敗したとしても死ぬことはないだろうという覚悟が北島さんにはありました。

　まず北島さんが交流センターを運営するに当たって住民との間で共有しようとしていた目標がありました。

①子どもたちの元気な声が響く、「短期間の山の学校」等、学校が復活すること

②お年寄りの居場所、住民が集まり交流を深めるサロンづくり

③雑木林で子どもたちが自由に遊べる「ささっこの森」をつくること

④多様な体験ができる、そのカリキュラムづくり

「ささっこ」とは笹間の言葉で「笹間の子供」のことです。

交流センター前のキャンプ場（左上）とピザ焼き体験

北島さんや、くればのメンバーは、地域資源を掘り起こすことから始めました。そのプロセスを通して住民たちは地域を見つめ直します。そこからの住民たちの気づきが地域づくりの原動力となったのです。

まず荒れ果てた農地の利活用を始めました。ジャガイモやサツマイモなどの野菜やソバを栽培し、宿泊者にも収穫を体験できるようにしました。またピザ釜も作られ、地元の野菜を使ったピザも作ることができます。収穫したソバの実からそば打ちも体験もできます。交流センターの前を流れる笹間川では川遊びだけでなく、ホタルの観賞、ヤマメのつかみ取りも人気です。

学校の施設がそのまま残されていることもあり、夏休みや春休みなどには子どもたちの声や楽器の音が集落にこだまします。笹間川のほとりにはキャンプ場も整備され週末には多くのキャンパーで賑わっています。

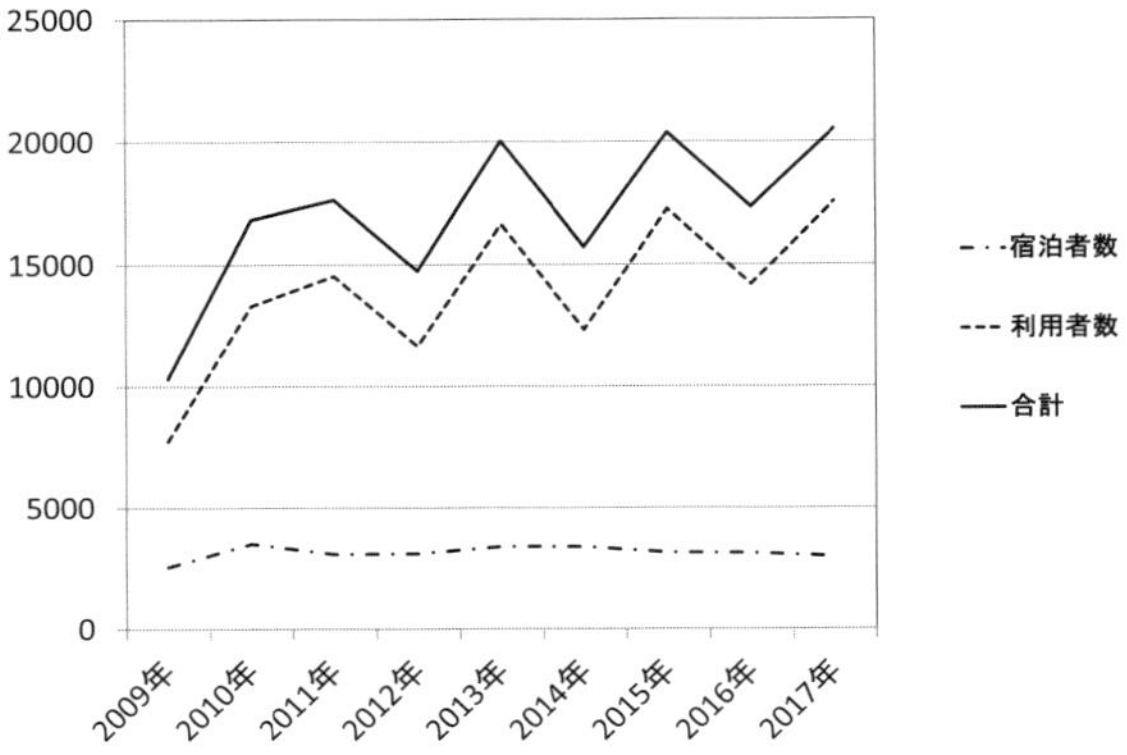

図8-2　交流センターの宿泊者数と利用者数
(山村都市交流センターささまの資料をもとに筆者作成)

交流センターは利用料金の安さも魅力です。中学生や高校生が宿泊しても一人2千～3千円程度です。また体育館や音楽室は1日借りても1回千円程度です。施設内容に安さも手伝って夏休みは学生やスポーツ少年団の合宿でほぼ満室の状態になっています。交流センターが開館する前は笹間地区の年間来訪者はわずか200人。交流センターだけでも来訪者はおよそ100倍以上になったのです。

北島さんたちの努力によって今、笹間は子どもたちの声を取り戻しつつあるといえます。しかし北島さんは次を見据えています。それは子どもたちの声だけでなく、「学びの場を取り戻す」ことです。まずは3日、5日、そして1カ月と学校のような場所を作りたい。そこにはカリキュラムもあり、空き家をレジデンスとして使ってもらい、小中高校生から大人、お年寄りまで学ぶ拠点にできたらと考えています。

さらに今、新たに「わびさビレッジプロジェクト」を立ち上げました。訪れた人々に対して作られたもてなしではなく、笹間の人々の暮らしそのものでもてなし、家族のように迎え入れるのです。茶畑の中でカフェを開く、陶芸のワークショップを行うなど、北島さんは笹間の素朴な日常生活から、わびさびを感じてほしいと考えています。

住民参加の組織づくり

交流センターを運営する「くれば」は、組合員27人と1団体から成ります。メンバーは農業者を中心に、大工、僧侶、魚屋、民宿経営者、森林組合勤務者、会社員などです。そして交流センターの管理と運営のために、館長を含む4人の常勤職員と18人の臨時職員が地元から雇用されています。「くれば」を企業組合という法人格とした理由は3つあります。

①将来は利益を生み出し、地域に還元するという目標を明確にすること
②組合員が同等の権利を持ち、全員の合意でむらづくりを進められること
③静岡県中小企業団体中央会の緊密な支援を得られること

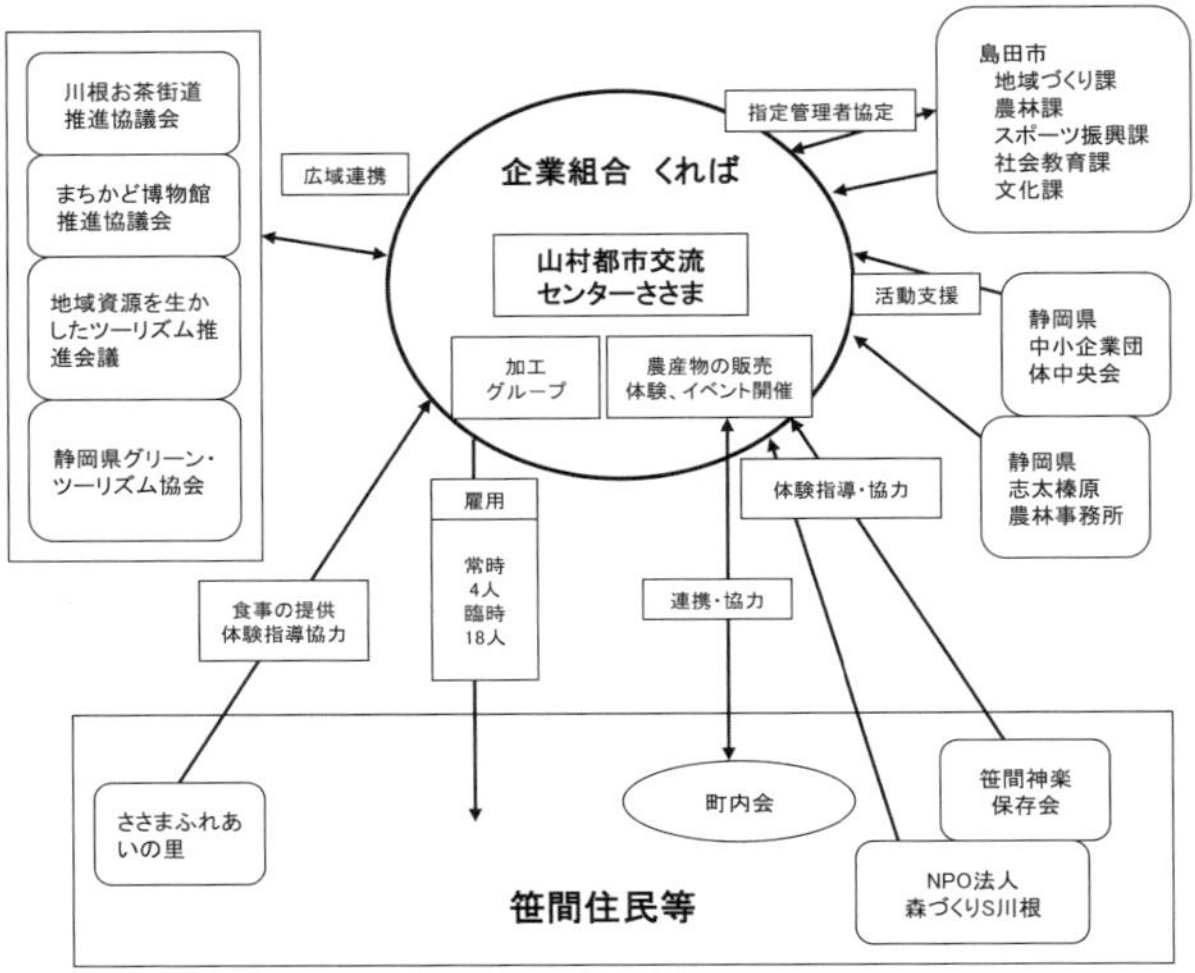

図8-3　企業組合くればの地域の中での位置づけ

組織は、組合員を施設管理、体験、食事の提供、イベントを事業ごとに分けて担当します。事業の実施は、全組合員が協力して行います。大きな特徴は、組合員であるかないかを問わず、地域の人たちがフラットな立場で参加していることです。笹間にある10の集落は、3つの寺を中心にした町内会のいずれかに属しています。その3つの町内会をまとめているのが自治会町内会です。その自治会町内会の代表やＮＰＯの代表、地元の女性有志などが定期的に交流センターに集まり、交流センターの活動に対してさまざまな提案をしています。

しかし議論の中ではしばしば問題になることがあります。それはかかわる人が交流センターに利益をもたらすかどうかだけを考えてしまうことで

地元の女性が運営する食事処「ひなたぼっこ」

す。しかし北島さんは参加者に「交流センターのことはいいから、地域活性化をやってみよう」と語りかけます。交流センターはあくまでも手段であり、事業の最終目的は地域が活性化することが重要です。地域の雇用を生み出し、体験活動の事業を企画し、来訪者の食事の提供や、体験活動での食材の提供などの新事業が始まることなど、交流センターの活動が地域全体へと波及することです。交流センターという点から、地域の組織や人を線でつなぎ、それが地域全体を巻き込んで面を形成していく、それが交流センターのさらなる充実にもつながります。

交流センターから地域へ波及したものの1つが、弁当など食品を加工するグループ「ひなたぼっこ」です。

このグループができたきっかけは地元の女性たちの気づきです。交流センターに多くの利用者が訪れている様子を目の当たりにし、自分たちに何かできないか、何か手伝うことができないかと考えました。そこで考えたのが利用者への食事の提供だったのです。仲間を募った女性の1人の家族がくればの組合員だったこともあり、スムーズに連携が進みました。集落で使用されなくなった茶工場を改装し、調理場をつくりました。そこで利用者のために弁当や仕出しを作ることにしました。隣接する古民家は食事処として改装しました。その敷地のそばには地区で一番大きな桜の木「寿永の桜」があり、春には多くの観光客が訪れています。さらにその後、新たな加工グループとして「母屋（かかや）」も誕生しました。

北島さんは、交流センターから地域に活動が広がっている様子について「できることをみんなで一緒に考える」ことそのものとしてほほ笑ましく感じています。食べる場所を提供するために、地域の男性や交流センターを使って協力者を募り、できることを考えて実行する女性たちの姿は、北島さんのモットーを体現したものといえます。

「よそもの」登場と国際陶芸フェスティバル

「よそもの」とは「他の土地から来た者[3]」です。「旅の人」または「風の人」として、主に地域外から来る人々を指すことが多いでしょう[4]。よそものは地域にいる人とは異質な人と捉えることができます。

そんな「よそもの」によって、笹間に思わぬ転機が訪れました。その「よそもの」とは国際的に活躍する陶芸家道川省三さんです。2006年、町の招きで陶芸教室を開こうと初めてこの地を訪れました。ちょうど笹間小学校の廃校前でしたが、道川さんは地域の雰囲気に惹かれました。

道川さんは北島さんに、2年に1回、陶芸家を招いた大規模なワークショップをやろうと提案しました。道川さんの提案は陶芸の文化がない笹間から新しい文化をつくり出そうという試みでした。北島さんはその提案に対し「当日までどんなイベントになるのか想像もできなかった」と不安を覚

笹間神楽と競演する道川さん

体育館で行われた陶芸家のデモンストレーション

えたと言います。地域の理解を得なければならない難しさを感じていたのです。

しかし道川さんはワークショップの開催を諦めることなく、住民と酒を酌み交わしながら熱く語ったといいます。「日本では前例のないイベント。なかったことをやろう。陶芸と関わりのない笹間だからこそ意義がある」と。道川さんのその言葉に勇気をもらい、多くの住民から賛同を得て開催することになりました。まず、地域の人々や専門家、行政等による「国際陶芸フェスティバルinささま実行委員会」が組織されました。陶芸制作のため、陶芸家は長期間、笹間に民泊しました。

第1回は2011年11月に開催されました。3日間で海外の陶芸家20人を含む1500人が訪れました。1500人という数は笹間地区の住民のおよそ3倍です。第2回は2013年11月に3日間開催、4千人が詰めかけました。第2回はさらに多くの住民が運営に参加しました。その数は80人。笹間の住民の5人に1人です。住民たちは海外陶芸家の民泊、地元料理を提供する「ささま食堂」、集落内の作品展示や「縁側カフェ」を企画しました。

第2回の後、2013年に住民の手によって穴窯の「ほたる窯」や電気窯が交流センターの一角に設置されました。これによって、形づくりから焼成まで本格的な陶芸体験ができるようになりました。2017年の第4回は開催が3日間から4日間になり、前半は陶芸を学ぶ2日間となり、ワークショップが充実しました。2年に1回、過去4回にわたって行われる陶芸フェスティバルは地域全体、行政を巻き込んだ大きなイベントに成長しました。

北島さんはこの取り組みで一つ気がついたことがありました。そもそも資金も文化も人も知恵も、地域では到底できないことばかりでした。普通はイベントをやるとなれば資金や内容を詰めてから実行に移します。しかし陶芸フェスティバルはやると決めてからその内容と資金調達を考えました。北島さんは自身のモットーの通り、できないことを考えませんでした。

地域にある空き家を陶芸家にレジデンスとして貸し出すことを、次の陶芸フェスティバルのテーマとして考える北島さん。「陶芸の里ささま」という道川さんと笹間の人々の夢も、現実のものになろうとしています。

よそものを受け入れる笹間

笹間の豊かな自然や人の優しさに惹かれ、移住世帯はここ10年で8世帯です。外国人ではNASAで仕事をする男性、交流センターでのピザ作り体験の指導者、笹間神楽を舞う女性などがいます。その1人に2017年に笹間へ移住し、交流センターに勤めるフランス人女性、ジョセフィンがいます。ジョセフィンは母国で陶芸の勉強をしていて、道川さんとの出会いがあって笹間にやって来たのです。交流センターで地元の人々の手伝いだけでなく、笹間の風習に触れようとしています。

笹間での空き家の提供は、地区の住民の中でできる人が行っています。さらに移住者へのサポートも重要です。移住者からのさまざまな相談が交流センターへ持ち込まれる場合には、北島さんが調整を行うこともあります。交流センターがサードプレイスとして住民や移住者とゆるくつながるための場となっています。

北島さんは人のつながり、ソフトが大事だと考えています。地域には空き家になって長い家屋もあり、電気や水道、トイレなどを整備しなければなりません。また住みたい人が住みたくなるようなリノベーションも必要でしょう。そうした移住者の要望に地域が応えられるようにしていくことが重要です。

北島さんは、さまざまな努力をすることによって、外国人を含めた移住者が増えていくことに期待しています。

地域住民の主体性を育てる

私たちは島田市川根町笹間地区の事例から何を学べるのでしょう。

まず住民の主体性です。主体性が育まれた背景には地域の住民の間に危機感が共有されていたことがあります。笹間地区の高齢化率は6割を超え、年齢的にも決して機動力があるとはいえません。しかし当事者である地域住民は自分なりにできる役割を果たそう、何かを担おうとしています。

では北島さんはどのようにして地域の人たちの心をつかむことができたのでしょうか。

たとえ危機感を持っていて、何かできないかと思っても、何をしたらいいか分からないのが現実です。そこで北島さんは課題を住民の目の前で見せて働きかけます。つまり住民に自分ができることを気づかせるのです。それはあくまでも地域にあるもの、住民ができることです。それは「ひなたぼっこ」の事例から読み解くことができます。目の前で多くの利用者が押し寄せている。しかし利用者は食事をすることができない。そんな来訪者の困った様子を見た住民は、食事を提供する必要性を考える。料理ができる女性たちはそこに自分の役割を見つけるのです。

また陶芸フェスティバルでの民泊も良い例です。陶芸家は数週間、作品制作のために窯の周辺に宿を取ります。しかし泊まる場所は限られます。しかし北島さんは住民に「民泊をやろうよ」とはいきなり話を持ちかけません。まず陶芸家がどのような要望を持っているか住民は話を聞く。そこで住民ができること、つまり宿を提供するという役割に気がつくのです。

このように、北島さんは住民を上手に導きます。それを北島さんは、北島さんがシェフ、住民を客と例えます。シェフが客に何を食べたいのか尋ねるのではなく、レストランが食べて欲しい、そして客が食べたそうないくつかのメニューを目の前で提示するのです。そのためにはシェフである北島さんは、客である住民ができることを先回りして知っておき、現場を目の当たりにさせたところで、それぞれの住民に可能なことを気づかせる必要があります。

住民自身もできることが分かったことで、その後は上下関係なく、組織の中で自由に意思決定しながら働いていています。そもそも交流センターでの会議は年数回しかありません。他人から押し付けられるのではなく、自分ができることを見つけて、人と人がゆるくつながろうとしているのです。まさに笹間は組織と個人が共鳴しながら進化を遂げているティール組織[5]の1つの形といえるのではないでしょうか。

そして何より笹間地区では、その中心人物である北島さんが大きな存在です。北島さんは交流センターを中心にして笹間を変えるきっかけにもなり原動力にもなっています。

そして現在の笹間になくてはならない最後のピースは、道川さんと陶芸です。地域に化学反応をもたらしました。陶芸フェスティバルは回を重ねるごとに内容も充実しています。

そんな北島さん自身も交流センターでの取り組みを通して気づいたことがあります。まず、地域の価値は人間が歳を取ることで変わっていくことです。若い時には分からなかった中山間地の自然や文化、暮らしの良さが歳を取って分かってきたといいます。そして2つ目はインフラです。交流センターへ人が集まり、地域の交流人口が増えたことで地区までの道路が整備されました。2018年には光ケーブルも開通しました。

一方で課題も感じています。それは北島さん自身のリーダーシップです。リーダーシップがなければ、コンセンサスによる妥協の産物になりかねません。しかし地域も住民も少しずつ変わろうとしています。これからは住民自身が目標を設定して行動できるように、自分の役割をうまく使い分けていきたいと考えています。

笹間地区は今、目標としていた子どもたちの声を取り戻しつつあります。しかし交流センターの利用者や地区の交流人口が増え続けていくかどうかは見通せません。さらに、２０１９年、78歳を迎えた北島さんの後継者の育成も課題です。

地域づくりのノウハウをどう生かし、引き継いでいくのか。それが我々への宿題なのではないでしょうか。

注釈・文献

1 総理府統計局（１９５０）国勢調査

2 総務省（２０１５）国勢調査

3 広辞苑（２０１８）岩波書店

4 敷田麻実（２００９）「よそ者と地域づくりにおけるその役割にかんする研究」国際広報メディア・観光学ジャーナル＝The Journal of International Media, Communication, and Tourism Studies, 9, 79-100.

5 フレデリック・ラルー著、鈴木立哉訳（２０１８）「ティール組織ーマネジメントの常識を覆す次世代型組織の出現」英治出版

なお、この章における筆者撮影以外で掲載した写真、図表は山村都市交流センターささま、北島氏から提供していただいた。

第9章　地域のキャリア教育：北海道室蘭市（石山 恒貴）

室蘭の夜景

この章では、地域における学生のキャリア教育について述べていきたいと思います。地域としては、北海道室蘭市を取り上げます。この章で述べる内容は、地域のキャリア教育をどのように実現していく方法があるのかという事例の紹介になります。地域のキャリア教育を、その地域の人だけで推進する方法もありますが、関係人口である「よそもの」に関わってもらう方法もあるでしょう。この事例については、筆者自身が「よそもの」として関わりました。

室蘭の夕景

室蘭の特徴

北海道室蘭市（以下、室蘭）と筆者の関わりを述べる前に、まずはその特徴に触れます。室蘭の言葉の由来は、アイヌ語の「モ・ルエラニ」であり、「小さな・下り路」という意味であるそうです。歴史的に松前藩とアイヌ人の交易の場として発展してきただけあり、地球岬（アイヌ語のポロ・チケプに由来）、イタンキ浜や絶景の絶壁であるトッカリショなど、アイヌ文化が今でも地名として存在感を持っています。室蘭といえば、工業都市として有名だと思いますが、実はアイヌ文化に象徴される自然に満ちあふれた地域でもあります。特に地球岬からは、さえぎるもののない水平線を一望することができ、地球の丸さを実感できます。

室蘭の夜景

また、イルカ・クジラウオッチングのクルーズが有名で、特にイルカには高確率で出会うことができるそうです。

一方、工業都市としての室蘭ですが、明治時代から、天然の良港として定期航路が開設され、炭鉱鉄道会社が室蘭〜岩見沢間の鉄道敷設をするなど、交通の要衝であったことが、発展の理由の1つであるでしょう。その後、鉄鋼が軍事力の要だったこともあり、製鐵・製鋼の軍需工場が栄えました。戦後は平和産業に転換し、重工業地帯としての歩みを進めてきたのです。

そのようなわけで、今では工場夜景が有名であり、日本11大工場夜景としても知られています。筆者も、2017年8月6日に、キャリア教育の担当チームであった室蘭市役所の方々と工場夜景のナイトクルーズを体験しました。ナイトクルーズは夕方から始まります。室蘭港の無人島である大黒島に向かって沈む夕焼けの美しさから始まり、ランドマークである白鳥大橋のライトアップ、煌々と輝くＪＸＴＧエネルギー室蘭製造所（現ＪＸＴＧエネルギー室蘭事業所）、新日鐵住金室蘭製鐵所（現日本製鉄室蘭製鉄所）などを間近で見ることができます。自然と工業地帯が融合した幻想的な雰囲気に心を奪われました。

また、室蘭では、特徴のあるグルメも有名です。もちろん、北海道らしく、新鮮な海産物が豊富であり、それを炉端焼きで楽しむことができます。それだけではなく、日本7大やきとりの1つである室蘭やきとりやカレーラーメンが有名です。室蘭やきとりは、実は豚肉であり、タマネギと交互に串に刺されています。これを洋からしにつけて食べるわけですが、居酒屋で北海道名物のラーメンサラダと一緒に食べると、どんどんお酒が進んでしまいます。炉端焼きも、室蘭やきとりも、室蘭を訪問にするたびに、キャリア教育チームの皆さんと何回も堪能させていただきました。筆者同様、大学生の息子も室蘭のファンになりました。地球岬も一緒に見に行きましたし、工場夜景ナイトクルージングや炉端焼きなどは、キャリア教育チームとご一緒させていただきました（もっとも、いつも室蘭以外は別行動で、息子は北海道全域のアニメの聖地や秘境駅を巡っていましたが…）。

室蘭にはこれだけさまざまな特徴があるのですが、こうした見どころをコンパクトに巡ることができます。室蘭は北海道の中でも人口密度が高いことで有名で、住宅、商業施設、工場、観光名所がうまく集積されています。また、港湾、７つあるＪＲの駅、バスのネットワークなどの交通網の配置が巧みで、移動に不便を感じないのです。

室蘭との出会い

室蘭との出会いは、２０１６年８月25日に、「胆振次世代革新塾[1]」を講師として訪問したことがきっかけでした。「胆振次世代革新塾」は、自分の力で深く考え、他者を巻き込み、協働して問題を解決する能力を有するような「イノベーション人材」を地域で育成することを目的として２０１４年から開講した、年間７～８回の連続講座が実施される学びの場です。事務局は「ものづくり企業活性化チーム　学・官・金　室蘭」であり、室蘭工業大学地域共同研究開発センター、室蘭市経済部産業振興課、公益財団法人室蘭テクノセンター、室蘭信用金庫という学・官・金の組織によって構成されていました。

「胆振次世代革新塾」には、法政大学地域研究センターが連携協力しており[2]、講師が室蘭を訪れ、対面で講義を行う、または法政大学と室蘭工業大学とを中継でつなぐテレビ会議方式による講義が、併用されていました。筆者は法政大学地域研究センターの客員研究員であったため、室蘭を訪れて講義することになったわけです。

塾生の対象は、主に室蘭の企業の幹部や管理職の方々でした。筆者にとって、地方に出張して講義することは、さまざまな地域を対象に時々あることです。その時は、筆者もそのような講義の1つと考え、その後たびたび室蘭を訪れることは想像もしていませんでした。

講義は、人材育成とキャリア形成について行いました。その際も、終了後は居酒屋で、室蘭やきとりなどを食しつつ懇親したのですが、塾長の西野義人さん（株式会社西野製作所代表取締役）をはじめとして、多くの企業から集まってきている塾生の方々の仲の良さが印象的でした。

事務局である室蘭市経済部産業振興課に、宇那木啓二さんという、「胆振次世代革新塾」の事務局の中心的存在の方がいました。宇那木さんは、この人材育成とキャリア育成という講義を聞き、閃いたことがあったようでした。特に関心を持ったことが、キャリア形成です。

室蘭は依然、鉄のまちとして栄えていることに変わりはありませんが、オイルショック後の産業構造の転換に伴い、鉄鋼業が縮小していることも事実です。新日鐵住金の高炉休止、合理化、あるいはJXTGエネルギーの石油精製停止などにより、製造業の雇用は縮小を余儀なくされました。そのため、1969年には18万3215人にであった人口が、2017年には8万6073人までに減少しています。

また、たとえば室蘭の工業地帯にある大企業に技術者として入社しようとすると、実はその新卒採用は室蘭での地域採用にならないというジレンマがあります。というのは、そのような大企業は、首都圏での本社一括採用として技術者を採用し、室蘭には本社採用の技術者が配属されるからなのです。このような事情があるため、室蘭の高校生、また室蘭工業大学の大学生は、必ずしも室蘭の地元企業に入社するわけではなく、北海道の他地域、もしくは首都圏などで就職することも多いのです。

しかし、室蘭には優良な地元企業も多く存在します。室蘭の高校生、大学生に、学生のうちから自身のキャリア形成に関心をもってほしい、また進路選択を考える際には、今以上に地元企業にも関心をもってほしい。このような課題感は、「ものづくり企業活性化チーム　学・官・金　室蘭」に共通して存在していたところでした。

そうした課題感があったため、宇那木さんはキャリア形成の講義で閃いたのです。「胆振次世代革新塾」における社会人向けのキャリア講座を、室蘭の高校生、大学生向けに展開することは、できないだろうかと。

学生向けキャリア教育の設計

実は、すでに「胆振次世代革新塾」の懇親会の際に、宇那木さんから、学生・生徒向けのキャリア教育が展開できないだろうか、というアイデアを私はお聞きしていました。私は、直観的に、面白いですね、と返答していました。というのも、「胆振次世代革新塾」の塾生の方々の仲の良さを実感していたからです。塾生の方々が協力してくれるなら、何か今までにない面白い試みが実現できるかもしれない、と思ったのです。

それからの宇那木さんの行動は迅速でした。室蘭市、室蘭工業大学、胆振次世代革新塾の賛同を得て、実行可能な予算措置も行い、早速、東京の市ヶ谷にある私の研究室を訪ね、キャリア教育の設計に向けた打ち合わせを重ねることになったのです。

キャリア教育が実行できる環境になったものの、当初はさすがに私も不安でした。内容としては前例がないものです。高校生や大学生に、ただ座学でキャリア理論を講義するだけで、先ほどの述べた課題の解決に役に立つかどうかも分かりません。

ただ、宇那木さんをはじめとした室蘭市経済部産業振興課のメンバーと打ち合わせを重ねるうちに、方向性が見えてきました。決め手は、やはり胆振次世代革新塾を中心とした地域において協力していただけるメンバーの存在でした。まず、学生・生徒は高校生を対象とすることにしたのですが、これは高校の賛同を得なければなりませんし、高校生自身にも興味を持ってもらう必要があります。これについては、宇那木さんを中心とした室蘭市経済部産業振興課のメンバーが、各高校を回って趣旨を説明してくださるとのことでした。

次に重要な要素は、高校生と対話してもらうための室蘭の職業人です。高校生に室蘭の地元企業に興味を持ってもらった上でキャリア形成を進めてもらうためには、高校生と職業人との対話が欠かせません。ただ、社会人が学生に話をするときに、一方的に自分のキャリアを説明する場合もあります。そのような場合では、生徒が、職業人の働き方を表面的に捉えてしまい、興味を持ってくれない可能性もあります。そこで、今回は逆転の発想で、生徒をキャリアの研究者に見立て、キャリアの研究者になったつもりで、職業人に根掘り葉掘りインタビューしてもらうという枠組みを考えました。これが実現できれば、高校生が深く職業人の働き方の実際に迫れるはずです。

ただ、この枠組みが成立するには、職業人に相当な程度、自己開示していただかないといけません。自分の恥ずかしいような失敗や、辛いことまで含めてお話しいただくことになるからです。そうなると、この講座の事務局と信頼関係が既に構築されていて、趣旨に賛同してくださる職業人に依頼しなければなりません。この難しい問題も、胆振次世代革新塾を中心とした職業人に依頼すればいいという結論になり、乗り越えることができました。

講座の会場、および東京の法政大学と室蘭を結ぶ遠隔のＷｅｂ会議システムについては、室蘭工業大学と法政大学地域研究センターが連携[3]することで、確保できることになりました。このように２０１４年から継続してきた胆振次世代革新塾の人脈とネットワークがあることで、まずは高校生向けキャリア教育が実現することになったのです。

実施の目的

高校生向けキャリア教育の環境が整いました。室蘭市役所からは、宇那木さんに加え、岩田亨さん、今野崇士さん、小林修悟さんと４名のチーム体制を組みました。宇那木さん、岩田さん、今野さんは新卒時点から室蘭市役所に勤務していますが、小林さんはいったん首都圏で勤務してからＵターンして室蘭市役所に勤務することになったそうです。４名いずれも、室蘭への愛着があることでは共通です。

筆者の研究室からは、岸田泰則さん（7章の執筆者）と中山由起子さんが、この教育内容に興味を持ち、室蘭まで同行してくれることになりました。また、室蘭工業大学と法政大学の遠隔のＷｅｂ会議は、胆振次世代革新塾をずっとコーディネートされていた中島ゆきさんがフォローしてくれることになりました。また、講座を行う教室として、室蘭工業大学地域共同研究センターの産学交流室が確保できることになりました。

教育の全体テーマは、「職業人の価値観と仕事に触れる」と設定しました。先に述べましたように、地元の学生・生徒が、必ずしも室蘭の地元企業に就職するわけではないという課題意識はあります。しかし、この教育の目標は、地元企業への就職そのものには設定しませんでした。むしろ、地元就職という即効性よりも、地元の企業や産業をよく知って進学してほしい、将来の職業選択の参考にしてほしい、ということを中核の目標としました。

このような室蘭市チームの思いは、２０１７年１月１日の室蘭民報に、次のように紹介されています。事業のきっかけですが「従来の職業学習は、就職希望者がメインで、大学進学希望者はこれまで接点がなかった」そうです。そこで、市としては「就職希望ではない生徒に地域の仕事を知ってもらうという新たな視点で、新規事業として実施を決めた」のです。そのため、「すぐに地元に就職という結果は出ないが、地域の企業を知ることで地元を離れても室蘭の意識を残してほしい。企業人の意識や多様な産業を知ることは、将来の職業選択や仕事のミスマッチ防止にもつながる」という市産業振興課のコメントが紹介されています。

実際の対象となった高校生は、北海道室蘭栄高等学校と海星学院高等学校、両校の1、2年生約20名でした。両校とも、多くの学生が4年制大学への進学を希望することになると思われます。両校が参加を決めてくれたのは、宇那木さんたちの情熱によるものだと思います。必ずしも、すぐに必要な教育ではありません。また、従来にはなかった目的の教育です。それなのに、高校も生徒も趣旨をよく理解してくれました。宇那木さんたちが、じっくりと説明してくれたからなのです。２０１７年１月23日の室蘭民報には、室蘭栄高等学校2年生の「大学に進学希望です。あまりない機会と聞き、貴重な体験ができる。身近で働いている人のイメージは両親しかないので、インタビューでは実際に働く人の思いなどを聞いてみたい」というコメントが掲載されています。趣旨がよく伝わっていることがわかります。

高校生向けキャリア教育：1日目

実際の教育は、２０１７年1月10日、2月2日、2月13日の3回に分けて、それぞれ3時間かけて実施されました。１日目に当たる1月10日は、まず、「自分の好きなキャラクターを分析しよう」というワークショップを実施しました。これは、第2章のＪワールドでも紹介した、筆者の研究室がN

POキャリア権推進ネットワークと連携し作成した、小学生、中学生、高校生、大学生へのキャリア出前授業と同じ内容です。

このワークショップは、マーク・L・サビカスのキャリア構築理論[4]に基づいています。この理論では、自分の人生を貫く価値観とテーマを知ることが重要とされています。自分自身の価値観は、自分で分かりそうなものですが、実はなかなか把握できないものです。そこでサビカスは、「好きな雑誌や番組」「好きな本、映画」「好きな格言、言葉」を考えてみることを勧めています。それと同時に、3歳から6歳の時に、どんな人に憧れていたか、尊敬していたか、ということを思い浮かべてみることも勧めています。

このワークショップでは、サビカスの勧めにヒントを得て、自分の好きなキャラクターをお互いに紹介しあうことにしています。自分の好きなキャラクターとは、漫画、アニメの主人公、ドラマの主人公、アイドル、歴史上の人物、実在の身近な人、だれでも大丈夫だとしています。参加者には、事前に宿題として、キャラクターを選んでもらい、「キャラクターの性格や特徴」「キャラクターの好きなところ」「キャラクターについて心に残っていること」を考えてきてもらいます。そして、ワークショップ当日には、「キャラクターと自分の似ているところ」「キャラクターと自分の違っているところ」「キャラクターと入れ替わったら何をしてみたいか」などについても、話し合ってもらいます。

キャラクターワークショップ

自分の好きなキャラクターを使う理由は、まずワークショップを楽しみ、盛り上がってもらいたいからです。同時に親しみのあるキャラクターについて説明してみると、知らず知らずのうちに、自分の価値観が投影されていることに気がついていきます。さらに、他の人のキャラクターの説明を聞くことで、自分と他者の価値観に共通点と違いがあることに気がついていくわけです。

狙い通り、ワークショップは盛り上がり、和気あいあいとした雰囲気になりました。キャラクターの分析結果として、自分と他者の共通点としてはキャラクターの「かっこよさ」「やさしさ」「信念」などが挙げられました。他方、違いとしては「あこがれ方」「生い立ち」「信念を貫く方法」などが挙げられました。

このようにキャラクターを通して、自分の価値観を振り返ってもらう理由ですが、全体テーマである「職業人の価値観と仕事に触れる」前に、まずは自己認識を深めてほしいというところにありました。自分の価値観への気づきが深まるからこそ、職業人の価値観を自分と照らし合わせて、仕事をリアルに考えてもらえると思ったからなのです。

ワークショップの後は、２日目に行う職業人インタビューの進め方について、説明しました。この職業人インタビューの目的は、高校生にいわば研究者になったつもりで、職業人の実態に迫ってもらうところにあります。表面的な社会人の仕事紹介にならないようにするため、いくつかの工夫をしました。

目的はあくまで、実際の仕事のやりがい、達成感、楽しさ、苦労の具体的な中身を知り、職業人の価値観と仕事の関係を知るところにあります。そこで、基本的な質問項目は私の方で共通して用意し、その質問を深掘りしてもらうことにしました。たとえば、「仕事でどんなことをしているときに、達成感を感じますか？具体的な出来事など、教えてください」という質問を、苦労、成長、喜びにも読み替えて質問してもらいます。また、「喜びや苦労を踏まえて、仕事を進める上で大切にしている、ご自身の価値観や信念はどんなものだと思いますか？」という質問もしてもらいます。特に、価値観と信念を丁寧に聞くようにお願いしました。

また、聞きっぱなしになってはいけないので、聞いた内容を壁新聞にしてもらうことにしました。

新聞は1面と2面から構成されます。1面は、「職業人の仕事のやりがい、達成感、楽しさ、苦労、価値観と仕事の関係など、仕事の実際についてわかったことは何か」という、インタビューによる直接的な気づきをまとめてもらいます。これに対し2面については、「映画の企画案をつくる」というテーマをお願いしました。具体的内容は「タイトル、企画ポイント、キャスト、ストーリー、などを自由に表現する」というものです。遊び心を持ちながらも、仕事の実際というものを、常識にとらわれることなく、自由に考えてほしかったのです。

2面の例としては、「タイトル：君のやりがいは。」「ストーリー：室蘭の高校生と、東京のクリエーターが夢の中で入れ替わる体験をする。入れ替わる中でお互いの暮らしのやりがいを理解する2人だったが、ある夜、大きな流星が地球に接近していた…」という大ヒット映画のパロディを紹介しました。ふざけているようですが、こんな自由な発想で、職業人インタビューを楽しんでまとめてほしかったのです。

壁新聞について、最終回である3日目の2月13日に、職業人たちの前で発表してもらうことを説明しました。前例のないキャリア教育の進め方でしたので、高校生たちが興味を持ってくれたのか、不安でした。ただ、何となく楽しそうな顔をしていたので、少し安心したということが実態でした。

高校生向けキャリア教育：2日目

2日目の2月2日は、いよいよ職業人インタビューです。この職業人の選定には、宇那木さんたちが工夫を凝らしてくれました。胆振次世代革新塾を中心とするものの、もっと幅広い職種、業種の職業人を集めてくれたのです。製造業は、室蘭の工業地帯を代表する新日鐵住金とともに、地元企業として西野製作所と大久保電気工事。IT企業として、LAN。小売業として平林紙店。デザイナーとしてノールドデザイン。メディアとして室蘭まちづくり放送。産業支援機関として室蘭商工会議所。研究職として室蘭工業大学。公務員として室蘭市役所。室蘭の、実に幅広い職種、業種の職業人10名が集まりました。

この10人が、高校生4グループから、代わる代わるインタビューを受けるというやり方です。このインタビューローテーションはちょっと複雑なのですが、1人当たり20分のインタビューを、1グループが5名行うことができました。

2日目は、室蘭と東京を結ぶ遠隔のWeb会議システムを利用し、私は東京から参加しました。室蘭側の実際の進行は、宇那木さんが担当してくれました。果たして、高校生が職業人にうまくインタビューできるのか。私は、東京の研究室から、はらはらしながら、遠隔で映し出される画面を見てい

職業人へのインタビュー

ました。しかし、そんな心配はすぐに吹っ飛びました。高校生たちと職業人たちが実に楽しそうに談笑し、また真剣に語り合っている姿が、画面からも、ありありと感じることができたのです。その日の最後に、グループごとにインタビューで聞き取ったことを発表してもらったのですが、その発表からも、仕事の実際について十分に聞き取れていたことがわかりました。

　そして、いよいよ最終日、3日目の2月13日は壁新聞の発表の日です。前半の90分は、壁新聞づくりです。1面のインタビュー概要のまとめは比較的スムーズに進みましたが、2面の映画企画づくりは、やや難航しているようでした。ただ、グループ内で議論が白熱し、皆、夢中になって壁新聞を作っていったので、写真のように、机の上によじ登って、壁新聞を書き始める学生まで現われました。

職業新聞づくり

　そしていよいよ発表です。映画企画は「働けメロス」「城島、仕事やめるってよ」「やりがいGO」「あの日見た吉田の遅刻を僕たちはまだ知らない」というユニークなタイトルが並びました。それらは、単にユニークであるだけでなく、その企画が仕事の実際と連動した内容になっていました。

　職業人インタビューからの重要な気づきとしては、「どの仕事もコミュニケーションが必要」「失敗を恐れず自分ができる限りのことをして、仕事を選んだ自分を信じて成長することが大事」「受動的にならず、主体的に行動することで、失敗から多くを学ぶ」「日々向上心を持って勉強していくことが大事」などが挙げられました。

　２０１７年2月25日の北海道新聞では、これらの高校生の気づきを、仕事哲学として紹介しています。その仕事哲学とは、「苦労のない人はいないが、皆その上にやりがいを感じている。社長でも現状に満足せず向上心を持っている。諦めないことが大事」という内容で紹介されていました。

どうやら、高校生にとって、社会人、特に社長などの経営者は、「とにかくすごいことを日々やっている人たち」という先入観があったようです。ところが、社長であっても日々、いろいろな失敗があるわけです。しかし、その失敗にめげて諦めるのではなく、その失敗から学び、成長し続ける。インタビューにはそのような共通点があり、高校生たちは、その点に驚きと共感を持ったようです。

ただ、驚いたのは、高校生たちだけではありませんでした。むしろ、職業人たちの方でした。職業人に講評してもらったのですが、「短い時間で負荷の高い課題をやりきったことに驚いている」という感想が口々に語られました。インタビューの内容を、ここまで高校生たちが消化し、それを言語化できたことが驚きだったのです。取材に来ていた北海道新聞の記者にも講評してもらったのですが、「メディアの担当者として発表を聞いたが、壁新聞はよくできている」という、うれしいコメントをいただけました。

もう1つの予期しない効果が、職業人の側への効果でした。「インタビューを受けて、仕事のやりがい等を答えることで、初心に帰ることができた」という感想をいただきました。その夜の懇親会でも感想を聞いたのですが、仕事をしていると日常に忙殺され、なかなか自分の価値観や信念は何だっ

壁新聞の発表

たのか、どのような経験から自分は成長したのか、などということは振り返る機会がないそうです。ところが、高校生が素朴な質問をしてくれることで、無心になってそれに答えていると、そもそも何のために自分が仕事をしたかったのか、ということを見つめ直す貴重な機会になったそうです。その夜の懇親会は、それまでの室蘭の懇親会の中でも、おそらく一番盛り上がった懇親会だったと思います。

大学生へのキャリア教育

高校生へのキャリア教育の成功に気をよくしたわれわれ（室蘭市役所と筆者の研究室のチーム）は、引き続き、室蘭工業大学の学生、1年生から4年生の希望者の16名に同様の講座を実施することにしました。日程としては、２０１７年の６月26日、７月４日、７月24日、８月７日の４回に分けて実施しました。

今回の講座は大学生ということで、高校生より少し難易度を上げることにしました。高校生の場合、職業人に教室に来ていただき、インタビューをしました。これに対し、大学生には、企業を自分たちで選定してもらい、その企業を自分たちでアポイントメントを取り訪問し、企業見学をするとともにインタビューしてもらうことにしたのです。

また、高校生の場合には、働く人個人としての仕事の実際をインタビューしてもらいました。大学生の場合は、これに加えて、会社の実際についても調べてもらうことにしました。たとえば、「創業した目的」「会社にとって、誰がお客様で、お客様のために目指していることは何ですか？」「会社の強み」「会社で一番大変な時期はいつでしたか？どのような出来事がありましたか？それをどうやって乗り越えましたか？」というような質問項目です。大学生には、１つの企業を、会社の視点、個人の視点の両方で捉えてもらおうと思ったからです。

最終的には、大学生では３つのグループができ、それぞれ企業を選択してもらいました。室蘭の地元企業については、室蘭テクノセンター[5]のホームページや同センターが作成した「室蘭地域ものづくり企業カタログ　テクノメッセージ」という冊子があり、相当細かい情報まで調べることができます。これらの情報を検討した結果、３つのグループは、それぞれ「函館どつく室蘭製作所」「メイセイ・

室蘭工業大学の発表会

エンジニアリング」「室蘭市役所」を調べることにしたのです。

6月から8月という時期は、大学のテスト期間であり、また就職活動期間中の学生もいました。それなのに、相当、負荷がかかる講座であったと思います。しかし、3つのグループは無事調査を終え、8月7日には素晴らしい発表を披露してくれました。

印象的だったことは、企業側にも熱心に対応していただき、単に自社の施設見学にとどまらず、さまざまな仕事の現場に学生を連れて行ってくれたことです。たとえば、メイセイ・エンジニアリングの場合、担当中の現場に学生を同行し、ドローンを飛ばす状況まで見せてくれたそうです。学生たちは、発表の場で、今まで地元の企業の実態はよく分からなかったが、大いに興味が湧いたと、目を輝かせて語ってくれました。

地域のキャリア教育とは

地域のキャリア教育とは、どんなことでしょうか。それは、地域の人が一体となって、仕事というテーマで語りつつも、各人の地域への愛着とはどんなものかを確認し合うことではないでしょうか。室蘭栄高等学校、海星学院高等学校、室蘭工業大学などの学校、「ものづくり企業活性化チーム 学・官・金 室蘭」における室蘭市経済部産業振興課、公益財団法人室蘭テクノセンター、室蘭信用金庫という学・官・金の事務局、「胆振次世代革新塾」に参加した幅広い業種の民間の企業、そして北海道新聞や室蘭民報などのメディア。今回の室蘭の場合、これらの関係者がうまく連携して、対話が成立したからこそのキャリア教育だったように思います。

筆者としてうれしいのは、そのような連携している状況の中でも「よそもの」の意見を取り入れてくれるところです。地域の中で様々な異なる関係者が連携し、さらに「よそもの」まで連携することで、新しいアイデアが沸き上がってくるのではないでしょうか。

またこうした地域に関する取り組みは、ただ仕事上の役割だから行われるものではないでしょう。実際に、宇那木さんは、高校生へのキャリア教育の終了後、防災対策課長に異動しました。しかし、担当が変わってからも、大学生へのキャリア教育に熱心に関わってくれました。

その後、胆振地域では、残念ながら台風や地震などの大きな被害が発生してしまいました。宇那木さんは、室蘭市の災害対策本部の事務局として、先人たちがつくり上げてきた防災対応のシステムに、改善を加えてきたところへの被災であったそうです。北海道胆振東部地震では、停電が発生したため、幹部の招集は市役所ではできず、非常用電源のある防災センターで行うなど、機敏で迅速な対応も求められたそうです。

キャリア教育にせよ、防災対応にせよ、地域に愛着をもつ方々の歴史的に営々と続く努力で成り立っていくのでしょう。そのような営々と続く地域の取り組みに、関係人口としての「よそもの」が地域のファンになって、少しでも良い影響を与えることができる。これも、関係人口の醍醐味ではないかと思います。

注釈・文献

1　室蘭市ホームページ「胆振次世代革新塾」の開講について http://www.city.muroran.lg.jp/main/org6240/h26jisedaikakushinjuku.html（２０１９年4月1日アクセス）
2　２０１９年時点では、「胆振次世代革新塾」と法政大学地域研究センターの連携協力は終了している。
3　２０１９年時点では、このキャリア教育における法政大学地域研究センターによる連携は終了している。
4　マーク・L・サビカス著・日本キャリア開発研究センター監訳・乙須敏紀訳（２０１５）『キャリア・カウンセリング理論』福村出版
5　室蘭テクノセンターホームページ http://www.murotech.or.jp/（２０１９年4月1日アクセス）

おわりに

小さな物語と人のつながり

おわりまでお読みいただき、ありがとうございます。読みながら、地域とゆるくつながる旅を楽しんでいただけたでしょうか。ゆるいつながり方といっても、実に多様なやり方があることを、実感いただけたのではないかと思います。ただ、多様であると同時に、つながり方のポイントとして共通点もあったように思います。そこでここでは、共通点について、少し考えてみたいと思います。

本書の冒頭で、「大きな物語」を信じきってしまって本当にいいのか、という疑問を呈させていただきました。自己犠牲を払いつつ、地域にとって「やるべきこと」である「大きな物語」にまい進することは、もちろん否定されることではないでしょう。むしろ、多くの人の感動を呼ぶ、素晴らしいことであるかもしれません。ただ、自己犠牲とともに「大きな物語」にまい進するのでなければ地域とつながることはできない、と考えてしまうなら、それは個人の選択肢を狭めてしまうことになるでしょう。

そこで、第1の共通点ですが、「小さな物語」が地域への貢献につながる、ということです。本書で語られた多くのエピソードは、個人の「小さな物語」を起点としつつ、そこに偶然性も加わって、地域の活性化に寄与できていたことが示されていました。たとえばJワールドでは、個人的な体験を語り合うことが、結果として地域の居場所作り、多世代交流へとつながっていきました。リトルムナカタの始まりは、友人や知り合いで楽しく集まることでした。かもめＩＴ教室の岩間さんは、気軽な起業支援セミナーを取りあえず受講したことで市川市との関わりが深まっていきました。土佐山アカデミーの吉冨さんが高知に関わるきっかけは、龍馬への憧れでした。岩崎学園の学生たちは、小学生のお兄さん・お姉さんになりたい、という気持ちで小プロの活動を進めました。

これらの「小さな物語」は、あくまで個人としての「小さなやりたいこと」が起点でした。始まりの段階では、それぞれの人たちは、地域への貢献ということを必ずしも強く意識してはいなかったようです。ところが、いろいろな偶然が重なり、共感する人々が集まり、結果的に地域への貢献につながっていったわけです。「やりたいこと」が起点であるからこそ、それを進める人は楽しいわけです。その活動が楽しそうに見えるからこそ、共感する人が増え、うねりのような活動の拡大が生じたのではないでしょうか。また、自分の「やりたいこと」だからこそ、その活動は短期に終了することなく、長期間継続していくのではないでしょうか。自分の「小さなやりたいこと」を大切にしながら、地域とゆるくつながることは可能なのです。

第2の共通点は、ゆるくつながっていた人たちは、やはり「地域が好きだった」ということです。ただし、もともと「地域が好きだった」とは限りません。リトルムナカタの発起人には、早く故郷である宗像を飛び出したいと、学生時代に東京での暮らしを選択した人もいました。あるいは、もともとは「地域とのつながり」にさほど関心がなく、故郷とも居住地とも、それほどの関係性を持たずに暮らしていた人たちもいました。では、これらの人たちは、どのようなきっかけで「地域を好きになる」のでしょうか。個々のきっかけは、さまざまです。ただ、このきっかけも共通しているところがあります。それは、人と人のつながりが、「地域を好きになる」ことを後押ししてくれた、ということです。

リトルムナカタの場合、故郷を離れて東京で暮らす人たちが集まって、故郷の懐かしい話で盛り上がる時に、故郷の良さを再認識していたのです。かもめＩＴ教室の岩間さんは、地域での自身の人脈の基盤がしっかりしていることに気がつき、それが自信になって地域を好きになっていきました。土佐山アカデミーの吉冨さんは、高知の「飲み仲間」との縁で、住民票を移すほど高知が好きになりました。岩崎学園の学生は、小学生を通じて横浜との関係を実感するようになりました。中津川市と恵那市では、ＮＰＯ法人いわむら一斎塾における幅広い層が参加する勉強会・講演会が、地域への愛着を高めていました。静岡の笹間地区では、自分たちの将来を考えるなまずや会による人々の交流が、廃校になった小学校でも、引き続き交流センターで子どもたちの声が響く状況を可能にし、それが地域との絆を強めていました。室蘭では高校生が職業人にインタビューすることで、高校生と職業人が改めて室蘭の魅力を再発見しました。

では、この2つの共通点から、何がいえるのでしょうか。筆者は、「地域とゆるくつながる」ためには、肩肘を張る必要はない、ということが重要なのだと思います。自分の「小さな物語」、すなわち「小さなやりたいこと」を大切にする。そして、周りの人たちと地域について語り合う。もし、これだけのことなら、無理をしなくても、多くの人たちが実行可能なことではないでしょうか。肩肘を張らずに、この2つをやってみる。そして、知らず知らずのうちに「地域が好きになる」。そうなったら、そのときが「地域とゆるくつながる」第一歩なのではないでしょうか。本書が、「地域とゆるくつながる」きっかけになれば、著者一同、望外の喜びです。

謝辞

「地域とゆるくつながる」というテーマは、数多くの方々が本書への掲載をご快諾いただくことで成立しました。登場された方々のご協力そのものが、本書の存在そのものと言っても過言ではありません。著者一同、心より感謝申し上げます。

第1章では、新潟キャリア・ディベロップメント・フォーラム、平松明花さん、大分イノベーターズコレジオ、100人カイギ、広島県福山市にご協力いただきました。第2章では、NPO法人子どもの環境を守る会Jワールド、柴田弘美さん、黒田淳将さん、KOKULABOフューチャーセンター、NPO法人静岡フューチャーセンター・サポートネットESUNEにご協力いただきました。第3章では、リトルムナカタにご協力いただきました。第4章では、岩間麻帆さん、非営利型株式会社ポラリス、港南台タウンカフェにご協力いただきました。第5章では、NPO法人土佐山アカデミーにご協力いただきました。第6章では、学校法人岩崎学園にご協力いただきました。第7章では、株式会社加藤製作所、株式会社サラダコスモ、中津川市中山道歴史資料館にご協力いただきました。第8章では、企業組合くれば、にご協力いただきました。第9章では北海道室蘭市にご協力いただきました。

なお、第8章の執筆者である佐野有利さんは、本書の編集者としてご尽力くださりました。厚くお礼申し上げます。

ご協力いただいた多くの人々、団体の志、気持ちを、できるだけ反映して読者の皆様にお伝えできていればと、願わずにいられません。

2019年9月　大分市へと向かうソニック号にて

著者を代表して　石山恒貴

編著者・執筆研究者紹介

石山　恒貴（いしやま のぶたか）

法政大学大学院政策創造研究科教授。一橋大学社会学部卒業、産業能率大学大学院経営情報学研究科修了、法政大学大学院政策創造研究科博士後期課程修了、博士（政策学）。NEC、GE、米系ライフサイエンス会社を経て、現職。越境的学習、キャリア開発、人的資源管理等が研究領域。日本労務学会理事、人材育成学会理事、フリーランス協会アドバイザリーボード、NPOキャリア権推進ネットワーク授業開発委員長、一般社団法人ソーシャリスト21st理事。 主な著書：『越境的学習のメカニズム』福村出版、2018年、『パラレルキャリアを始めよう！』ダイヤモンド社、『会社人生を後悔しない　40代からの仕事術』ダイヤモンド社など。

北川 佳寿美（きたがわ かずみ）

法政大学大学院政策創造研究科研究生。精神保健福祉士、キャリアコンサルタント、キャリアデザイン学修士。福岡大学卒業後、メーカー、百貨店を経て、精神保健福祉士として「働く人のこころの健康と働き方支援」に携わる。EAP（従業員支援プログラム）会社、医療機関を経て、2015年独立。2013年、法政大学大学院キャリアデザイン学研究科において、メンタルヘルス不調者のキャリア再構築をテーマに研究。現在の研究テーマはミドル・シニアの仕事の意味づけ。専門は精神保健福祉（産業心理臨床、メンタルヘルス）、キャリアデザイン（キャリア開発、キャリアカウンセリング）。

片岡 亜紀子（かたおか あきこ）

法政大学大学院政策創造研究科博士課程在籍。修士（政策学）。ＮＥＣ退職後、情報教育に携わりながら産業能率大学卒業、法政大学大学院政策創造研究科 修士課程修了。研究テーマは女性の離職期間、地域のサードプレイス。主な論文：「地域におけるサードプレイスの役割と効果」、「サードプレイス志向と地域自己効力感が地域コミットメントに与える影響」、「キャリアブレイクを経験した女性の変容」、「女性の離職経験が復職後の自己効力感に及ぼす要因の検討」、主な著書：『LIFE CAREER 人生100年時代の私らしい働き方』（第9章 キャリアブレイクを振り返る）金子書房。国家資格キャリアコンサルタント。産業能率大学・自由が丘産能短期大学 兼任教員／明星大学 経営学部 非常勤講師。

谷口 ちさ（たにぐち ちさ）

法政大学大学院政策創造研究科博士課程在籍（同・政策学修士）。土佐高校、関西大学を経て、日本IBM、ファミリーマート、大地を守る会（現オイシックス・ラ・大地）にて人材育成や採用に携わる。修士論文『持続可能な地方移住のための組織社会化理論の地域応用～土佐山地域を事例とした“地域社会化”～』は研究科の優秀論文賞に選出された。現在は学校教育を中心としたキャリア教育に携わる。

山田 仁子（やまだ じんこ）

学校法人岩崎学園情報科学専門学校教員。法政大学大学院政策創造研究科研究生。修士(政策学)。株式会社ザ・ギンザでの教育担当を経て、現職。研究テーマは、ヒューマンスキル、若年者の職業意識、キャリア形成。神奈川県立小田原東高等学校学校運営協議会委員。主な研究論文「就職活動におけるサービス接遇実務検定試験ロールプレイングの有効性について」『秘書サービス接遇教育学会研究集録』第23号、研究発表「中学生の職業観形成過程における影響要因の分析」『日本キャリアデザイン学会第15回研究大会・総会資料集』。

岸田 泰則（きしだ やすのり）

法政大学大学院政策創造研究科博士後期課程在籍。主な論文：「高齢雇用者のジョブクラフティングの規定要因とその影響—修正版グラウンデッド・セオリー・アプローチからの探索的検討」『日本労働研究雑誌』No.703など。

佐野 有利（さの ありとし）

修士（政策学）。人的資源管理論。研究テーマは地域メディアの人材育成。日本マス・コミュニケーション学会、日本災害情報学会、日本社会心理学会、社会デザイン学会、日本労使関係研究協会、人材育成学会、地域活性学会、一般社団法人放送人の会各会員。最近の論文は「ラジオドキュメンタリー制作経験が番組制作者の能力向上にもたらす影響」『マス・コミュニケーション研究』第99号（印刷中）。

地域とゆるくつながろう！
―サードプレイスと関係人口の時代―

2019年10月29日　初版発行
2023年 8 月 4 日　第6刷発行

編著者　石山 恒貴
執筆者　北川 佳寿美
片岡 亜紀子
谷口 ちさ
山田 仁子
岸田 泰則
佐野 有利（執筆順）

発行者　大須賀 紳晃

発行所　静岡新聞社
〒422-8033　静岡県静岡市駿河区登呂3-1-1
TEL 054-284-1666

ブックデザイン　塚田雄太

印刷・製本　図書印刷株式会社

ISBN　978-4-7838-2262-2　C0236